Alex Bieli

Sprachklar.

Band 2 – Textlehre, Kommunikation, Präsentation

Alex Bieli

Sprachklar. | 2
Textlehre
Kommunikation
Präsentation

Kaufmännische Grundbildung
Erwachsenenbildung

Handlungsorientierter Deutschunterricht

hep der bildungsverlag

h e p der bildungsverlag
www.hep-verlag.ch

Lösungsbuch
ISBN 978-3-03905-957-7

Alex Bieli
Sprachklar.
Band 2 – Textlehre, Kommunikation, Präsentation
ISBN 978-3-03905-942-3

Bibliografische Information der Deutschen Nationalbibliothek:
Die Deutsche Nationalbibliothek verzeichnet diese Publikation
in der Deutschen Nationalbibliografie; detaillierte bibliografische
Daten sind im Internet über http://dnb.dnb.de abrufbar.

1. Auflage 2013
Alle Rechte vorbehalten
© 2013 hep verlag ag, Bern

www.hep-verlag.ch

Zusatzmaterialien und -angebote zu diesem Buch:
http://mehr.hep-verlag.ch/sprachklar2

Inhalt

	Vorwort	7
1	Textlehre	9
2	Kommunikation	93
3	Präsentation	115
	Anhang	137

Vorwort

Sprachklar. | **2** basiert wie Band 1 auf der neuen Bildungsverordnung 2012 für die kaufmännische Grundbildung EFZ und eignet sich für den Unterricht im E- und B-Profil. Das Buch behandelt die Themen Textverständnis, Textproduktion, Kommunikation und Präsentation.

Die Lehrmittelreihe **Sprachklar.** wurde von Grund auf neu konzipiert, ist inhaltlich-thematisch auf dem aktuellen Stand und basiert auf modernen methodisch-didaktischen Ansätzen, unter anderem auf den Ideen der Ermöglichungsdidaktik nach Professor Rolf Arnold. **Sprachklar.** unterstützt den lebendigen, lernwirksamen Unterricht und fördert die handlungsorientierte Themenbearbeitung.

Sprachklar. | **2** ist im Gegensatz zu Band 1 primär für den Klassenunterricht konzipiert, kann aber je nach didaktischem Setting auch für das selbst organisierte Lernen (SOL) verwendet werden. Die vielfältigen Übungen zielen auf die direkte Anwendung des Gelernten und kooperatives Lernen ab.

Weitere Vorzüge:
- Das Lehrmittel unterstützt die Lernenden durch übersichtliche Darstellungen der Themen und vielfältige Übungen.
- Das Buch gibt curriculare Sicherheit und entlastet die Unterrichtenden sowohl bei der fachlichen als auch bei der methodisch-didaktischen Vorbereitung.
- Im Anhang steht ein Glossar mit über hundert Fachbegriffen zur Verfügung; das Buch dient somit auch als Nachschlagewerk. (Das Glossar gibt es auch als Gratis-App.)
- Zudem finden sich im Anhang diverse Arbeits- und Beurteilungsinstrumente, kommentierte Orientierungsbeispiele, verschiedene Übersichten sowie ein alphabetisch geordnetes Stichwortverzeichnis.

Die Entwicklung und Herstellung eines neuen mehrbändigen Lehrwerkes könnte in dieser knappen Zeit – rund ein Jahr – ohne die grosse Unterstützung durch verschiedene Fachpersonen nicht gelingen. Bei **Sprachklar.** funktionierte die Zusammenarbeit bestens. Dafür bin ich sehr dankbar. Speziell bedanke ich mich bei Peter Egger, dem Verlagsleiter, für sein grosses Vertrauen, der Lektorin Serena Failla für die umsichtige, professionelle Projektleitung und dem ganzen Team des hep verlags für die Unterstützung. Mein Dank gilt auch Joel Kaiser für die sehr übersichtliche, das Lernen unterstützende Gestaltung des Buches sowie folgenden Lehrpersonen für die wichtigen fachlichen und didaktischen Hinweise während des Evaluationsprozesses: Christiane Drechsler (ehem. KV Luzern Berufsfachschule), Marco Fava (Kaufmännische Berufsfachschule Olten), Benno Seiler (Kaufmännisches Bildungszentrum Zug) sowie Anita Zweifel Müller (Berufs- und Weiterbildungszentrum Rapperswil-Jona).

Ich danke auch allen Lehrenden und Lernenden für Rückmeldungen und Anregungen dazu, wie und wo man das Buch noch optimieren könnte.

Im Juni 2013
Alex Bieli

1 Textlehre

1.1	Textsortenwissen	10
1.2	Texte lesen und verstehen	14
1.3	Texte analysieren und interpretieren	20
1.4	Diagramme und Bilder beschreiben und analysieren	33
1.5	Texte schreiben	43
	Der Bericht	44
	Zusammenfassung und Inhaltsangabe	52
	Das Protokoll	54
	Das Interview	55
	Die Umfrage	59
	Das Porträt	62
	Die Erörterung	67
	Der Leserbrief	75
	Die Erzählung	77
1.6	Die Facharbeit	84

1.1   Textsortenwissen

Text ist nicht gleich Text. Es existieren unzählige Formen, die sich in der Schreibabsicht, der Funktion und der Sprache unterscheiden. So sieht ein Tagebuch ganz anders aus als ein Bewerbungsschreiben; ein Gedicht hat andere Formelemente als eine Kurzgeschichte. Eine klare Trennung der verschiedenen Textmuster ist nicht immer möglich. Vor allem in der Literatur werden häufig Mischformen verwendet.

Die Schreibabsicht bestimmt die Textsorte

Für das Verständnis, die Analyse und Interpretation eines Textes ist es wichtig, die Textsorten zu erkennen. Die Textsorte wird in erster Linie durch die Schreibabsicht bestimmt.

Schreibabsicht (auch Schreibintention genannt)	Textsorten (Beispiele)
Erinnerungen und Erlebnisse festhalten	Tagebuch, persönliche Notizen
Seine kreative Seite ausleben, Gefühle ausdrücken	Erzählung, Märchen, Gedicht, Songtext
Sich bewerben, sich präsentieren	Bewerbungsschreiben, Lebenslauf
Inhalt einer Besprechung dokumentieren	Protokoll, Gesprächsnotiz
Jemanden informieren	Nachricht, Bericht, Brief
Jemandem gratulieren	Glückwunschkarte, -brief
Jemanden unterhalten	Erzählung, Fantasiegeschichte, Witz
Seine Meinung kundtun	Erörterung, Leserbrief, Kommentar

Unterscheidung von Sachtexten und fiktionalen Texten

Die einzelnen Texte können eingeteilt werden in Sachtexte und fiktionale Texte. Das Wort «fiktional» leitet sich ab vom lateinischen Wort «fingere», was so viel bedeutet wie etwas erdichten, erfinden, vortäuschen. Fiktionalen Texten begegnen wir vor allem in der Literatur; sie werden daher auch als literarische Texte bezeichnet.

Sachtexte	Fiktionale (literarische) Texte
Sachliches, genaues Schreiben	Kreatives, fantasievolles Schreiben
«Handwerk-Texte»	«Kunstwerk-Texte»
Bericht, Protokoll, Inhaltsangabe, Gesuch, Leserbrief, Bedienungsanleitung u. a.	Erzählung, Fabel, Roman, Hörspiel, Theaterstück, Spielfilmtext, Gedicht u. a.

Unterteilung der fiktionalen Texte

Fiktionale Texte können in folgende drei Gattungsformen eingeteilt werden:

Epik	Dramatik	Lyrik
Fiktionale Texte, in denen etwas erzählt wird. Sie werden auch Prosatexte genannt.	Fiktionale Texte, die primär für die Darstellung auf der Bühne (oder im Film) verfasst sind.	Fiktionale Texte, mit denen primär Gefühle und Empfindungen ausgedrückt werden. Diese Texte sind meist in Versform verfasst.
Beispiele: Sage, Märchen, Fabel, Parabel, Kurzgeschichte, Roman	Beispiele: Theaterstück, Oper, Musical, Comedy-Show, Spielfilm	Beispiele: Gedicht, Liedtext, Ballade, Ode

Merkmale von literarischen Texten

Im Anhang, Seite 140, finden Sie eine Tabelle mit ausgewählten literarischen Textsorten und deren wichtigsten Merkmalen.

 ANHANG

1. Studieren Sie die Merkmale der verschiedenen Textsorten im Anhang, Seite 140.
2. Schreiben Sie in der unten stehenden Tabelle die richtige Textsorte in die rechte Spalte.
3. Vergleichen Sie Ihre Lösungen mit einem Partner/einer Partnerin.

ÜBUNG 1

Merkmale der Textsorte	Textsorte
Der Text kritisiert und provoziert mit Ironie und Übertreibungen; eine Karikatur in schriftlicher Form.	
Die Geschichte wird mit einfachen, kurzen Sätzen erzählt; es kommt viel Dialog vor. Tiere haben menschliche Eigenschaften.	
Die Geschichte beleuchtet wie ein Filmausschnitt eine kurze Episode aus dem Leben eines Alltagsmenschen.	
Die meisten Geschichten haben einen historischen (geschichtlichen) Hintergrund und wurden im Lauf der Zeit fantasievoll ausgeschmückt.	
Die Geschichte kann auf Erlebtem basieren oder frei erfunden sein. Der Text ist kreativ geschrieben und soll unterhalten.	
Mit dieser Textform werden meistens Gefühle und persönliche Stimmungen ausgedrückt; oft in Versform und mit Reimen.	
Der Inhalt wird einfach erzählt und baut auf Gegensätzen auf. Viele bekannte Geschichten wurden von den Brüdern Jacob und Wilhelm Grimm verfasst.	
Das Erzählen einer Alltagsgeschichte soll indirekt auf ein wichtiges Thema hinweisen und zum Nachdenken anregen.	

Unterteilung der Sachtexte

Sachtexte können nach Schreibabsicht und Verwendungszweck in folgende Gruppen aufgeteilt werden:

Für den privaten Gebrauch	Für Schule und Beruf	Für die Medien (Journalismus)
• Persönlicher Brief	• Zusammenfassung	• Nachricht
• Private SMS und E-Mail	• Inhaltsangabe	• Zeitungsbericht
• Glückwunschkarte	• Arbeitsbericht	• Reportage
• Tagebucheintrag	• Protokoll	• Kommentar
• Einkaufsliste	• Interview	• Kolumne
• Erinnerungsnotiz	• Porträt	• Interview
• Notizen aus dem Unterricht	• Erörterung	• Pressemitteilung
• Prüfungsvorbereitung	• Geschäftsbrief*	• Leserbrief
• u. a.	• Facharbeit	• Porträt
	• u. a.	• u. a.

*Die Geschäftsbriefe werden im Rahmen des Korrespondenz-Unterrichts behandelt und daher in diesem Lehrmittel nicht dargestellt.

Die farbig gedruckten Textsorten werden später genauer behandelt.

ÜBUNG 2

1. Lesen Sie die vier unten stehenden Texte genau durch.
2. Lösen Sie anschliessend die Aufgaben.
3. Vergleichen Sie Ihre Lösungen mit einer Partnerin / einem Partner.

Text 1	**Text 2**
Katze als Drogenkurier	**Der Löwe und die Ziege**

Text 1

Katze als Drogenkurier

Am Halsband einer Katze haben Häftlinge in Russland Rauschgift in ein Gefängnis geschmuggelt. Bei Entlassungen nahmen Gefangene regelmässig das Tier mit in die Freiheit. Dort banden Dealer der Katze ein Halsband mit Heroin um.

Schweizerische Depeschenagentur (sda), 10.8.2012

Text 2

Der Löwe und die Ziege

Auf einem sehr steilen Felsen erblickte ein Löwe eine Ziege. «Komm doch», rief er ihr zu, «auf diese schöne fette Wiese herab, wo du die trefflichsten Gräser und Kräuter findest, während du dort oben darbest.» – «Ich danke dir schön für dein Anerbieten», sprach die kluge Ziege, die wohl die Absicht des Löwen erkannte. «Dir liegt mehr an meinem Fleisch als an meinem Hunger. Hier oben bin ich vor dir sicher, während du mich dort unten sofort verschlingen würdest.»
Trau, schau, wem?

Äsop, griechischer Dichter um 600 v. Chr.

Text 3

Der Panther

Sein Blick ist vom Vorübergehn der Stäbe
so müd geworden, dass er nichts mehr hält.
Ihm ist, als ob es tausend Stäbe gäbe
und hinter tausend Stäben keine Welt.

Der weiche Gang geschmeidig starker Schritte,
der sich im allerkleinsten Kreise dreht,
ist wie ein Tanz von Kraft um eine Mitte,
in der betäubt ein grosser Wille steht.

Nur manchmal schiebt der Vorhang der Pupille
sich lautlos auf –. Dann geht ein Bild hinein,
geht durch der Glieder angespannte Stille –
und hört im Herzen auf zu sein.

Rainer Maria Rilke, 1875–1926

Text 4

Ein Tier ist als Geschenk ungeeignet

Ist es gut, Tiere zu schenken?
Nein. Tiere sind Lebewesen und eignen sich nicht
als Geschenk. Alle Familienmitglieder müssen sich
gemeinsam für ein Tier entscheiden.

Worauf sollte geachtet werden?
Auf das Alter. Tiere können 20 Jahre und älter
werden. Auch Pflege, Erziehung und Zeit müssen
berücksichtigt werden.

Was ist ausserdem wichtig?
Man muss finanziell in der Lage sein, ein Tier ein
Leben lang zu versorgen. Neben den Anschaffungs-
und Futterkosten fallen auch regelmässig Kosten für
den Tierarzt an. Bei Hunden sind zusätzlich Hunde-
steuer und Haftpflichtversicherung sowie das Chippen
des Tieres zu bezahlen.

Antworten von Evamarie König, Pressesprecherin Tierschutzverein
Berlin, www.test.de (13.3.2013)

Was verbindet die vier Texte? Was haben sie inhaltlich gemeinsam?

....

....

Geben Sie stichwortartige Angaben zur Schreibabsicht, zur Textsorte und zu den Merkmalen.

Text 1	Text 2
Schreibabsicht:	Schreibabsicht:
Textsorte:	Textsorte:
Typische Merkmale:	Typische Merkmale:

Text 3	Text 4
Schreibabsicht:	Schreibabsicht:
Textsorte:	Textsorte:
Typische Merkmale:	Typische Merkmale:

1.2   Texte lesen und verstehen

Es ist ein Unterschied, ob wir einen Text für eine Prüfung intensiv bearbeiten, eine Gratiszeitung auf dem Weg ins Büro rasch überfliegen oder in den Ferien zur Unterhaltung einen Roman lesen. Die Lesetechnik hängt also von der Textform, vom Umfang und vom Ziel ab. Zudem gibt es individuelle Vorlieben und Strategien beim Lesen. Trotzdem lohnt es sich, sich für das Lesen im Beruf und Unterricht eine Lesetechnik anzueignen. Hilfreich sind auch Kenntnisse über den Lesevorgang.

Wie lesen wir?

Wenn wir lesen, wandert der Blick entlang der Leserichtung; in unserem Sprachsystem von links nach rechts und von oben nach unten. Dabei fixieren unsere Augen jedoch nicht jedes Wort einzeln. Viele werden übersprungen, so vor allem die kurzen Wörter wie «zu», «von», «und», «der», «das» u.a.

Das Tempo unserer «Augenwanderung» können wir laufend anpassen: mal rasch, mal langsam. Oder wir unterbrechen den Leseprozess ganz, um einen Satz oder einen Abschnitt nochmals zu lesen. Die Lesegeschwindigkeit wird zu einem grossen Teil bestimmt durch unsere Aufnahme- und Konzentrationsfähigkeit, aber auch vom Schwierigkeitsgrad des Textes.

Wie schnell können wir lesen?

Durchschnittlich erfasst man einen Satz mit sechs kurzen Wörtern in rund drei Sekunden. Beispiel: **Der Juli war kalt und nass.** Ob der Satz richtig verstanden wird, hängt natürlich auch von den einzelnen Wörtern ab. Beim folgenden Satz braucht man sicher mehr als drei Sekunden: **Die Strategie der Textrezeption ist heterogen.** (Das heisst so viel wie: Wie man liest, ist sehr unterschiedlich.) Insgesamt schafft man im Durchschnitt etwa 200 Wörter pro Minute.

Schreibstil

Wichtig für das Verständnis ist auch der Schreibstil. So verstehen wir Sätze mit Verben (Verbalstil) besser als solche mit vielen Nomen (Nominalstil). Und Sätze in der aktiven Form sind leichter zu lesen als solche in der passiven Form. Zwei Beispiele zum Vergleich:

Verbalstil	**Nominalstil**
Mit einer guten Lesetechnik erfassen wir Texte schneller und besser.	Das Erfassen eines Textes geht mit einer guten Lesetechnik schneller und besser.
Verbalstil, aktive Form	**Nominalstil, passive Form**
Man ist erfolgreicher, wenn man Prüfungen ruhig und konzentriert angeht.	Durch Ruhe und Konzentration bei Prüfungen wird mehr Erfolg erzielt.

Textanordnung

Weiter hat die Darstellung bzw. die Anordnung der Informationen Einfluss auf das Verständnis. Auch Hervorhebungen wie fett oder kursiv erleichtern das Textverständnis, wie folgendes Beispiel veranschaulicht:

Fliesstext ohne Hervorhebungen	Wichtige Faktoren für das Erfassen von Texten sind einerseits das aufmerksame Lesen sowie das Verbinden des Textes mit dem eigenen Wissen. Andererseits spielen Stil, Ausdrucksweise und Textanordnung eine Rolle.
Mit Hervorhebungen **fett**	Wichtige Faktoren für das Erfassen von Texten sind einerseits das **aufmerksame Lesen** sowie das **Verbinden des Textes mit dem eigenen Wissen.** Andererseits spielen **Stil, Ausdrucksweise** und **Textanordnung** eine Rolle.
Mit Hervorhebungen *kursiv*	Wichtige Faktoren für das Erfassen von Texten sind einerseits das *aufmerksame Lesen* sowie das *Verbinden des Textes mit dem eigenen Wissen.* Andererseits spielen *Stil, Ausdrucksweise* und *Textanordnung* eine Rolle.
Aufzählung	Wichtige Faktoren für das Erfassen von Texten sind: • Aufmerksames Lesen • Verbindung Text / eigenes Wissen • Stil, Ausdrucksweise • Textanordnung

Drei-Ü-Lesemethode

Die folgende Lesemethode ist in drei Phasen bzw. Schritte unterteilt. Nach den Anfangsbuchstaben der Phasen heisst das Verfahren «Drei-Ü-Lesemethode».

Schritte	Handlungen	Ziele
Überfliegen (diagonales Lesen)	• Erfassen Sie das Dokument als Ganzes: Form, Umfang, Thema, Textsorte, Bilder, Grafik … • Überfliegen Sie den Text (= Scanning); noch ohne spezielle Markierungen und Notizen. • Lesen Sie Titel, Untertitel, Einleitung.	Sie haben … ✔ eine erste Übersicht. ✔ den Text eingeordnet (Textsorte, Hauptthema, Sprache, Schwierigkeitsgrad). ✔ das Grobverständnis erarbeitet.
Überblicken (konzentriertes Lesen)	• Lesen Sie den Text nun aufmerksam und konzentriert durch. • Unterstreichen Sie Wörter, die Sie nicht verstehen. • Markieren Sie Schlüsselwörter und wichtige Aussagen. • Stellen Sie W-Fragen (Wer? Was? Wann? Wo? Wie? Weshalb?). • Setzen Sie Randsymbole wie: **? ! ✔**	Sie haben … ✔ das Detailverständnis erarbeitet. ✔ zentrale Aussagen erfasst. ✔ Schlüsselstellen markiert. ✔ eine Übersicht über die Textstruktur gewonnen. ✔ W-Fragen formuliert.
Überarbeiten (systematisches Bearbeiten)	• Schreiben Sie die Bedeutung unbekannter Wörter in den Text oder an den Rand. • Machen Sie Randnotizen. • Setzen Sie Zwischentitel. • Visualisieren Sie den Inhalt in einer geeigneten Form (Mindmap, Cluster, Schaubild oder frei gewählte zeichnerische Darstellung).	Sie haben … ✔ das Detailverständnis gefestigt. ✔ zentrale Aussagen notiert. ✔ sprachliche Gestaltungselemente analysiert. ✔ bei literarischen Texten: Ansätze zur Interpretation formuliert.

Texte bearbeiten

Die wichtigsten Werkzeuge beim Lesen von Texten sind Marker und Stifte (Bleistift, Farbstifte, Kugelschreiber u. a.). Damit können Wörter und Textstellen hervorgehoben, Randnotizen gemacht und Visualisierungen angefertigt werden.

Hervorhebungen	Schlüsselwörter und wichtige Textstellen mit Markierstiften farbig hervorheben.
	Grundsatz: «Weniger ist mehr.»
	Textstellen unterstreichen mit durchgezogener Linie, gestrichelter Linie, mit einer Punktelinie oder Wellenlinie
	Einzelne Wörter umkreisen oder umrahmen

Randnotizen	Mit einfachen Zeichen und Symbolen arbeiten wie:
	? ! ✓
	Kurze Wörter und Abkürzungen verwenden:
	Gut Nein Ja Wichtig! Bsp. Arg. pro
	Worterklärungen (z. B. für Fach- und Fremdwörter)

Visualisierungen	• Eine Mindmap zeichnen (siehe folgende Seite)
	• Ein Schaubild erstellen (siehe folgende Seite)
	• Eine geeignete Skizze anfertigen

ÜBUNG 1

1. Umkreisen Sie alle Namen, die im Text vorkommen. Markieren Sie die Namen mit verschiedenen Farben.
2. Markieren Sie alle Stellen, die etwas über Rolf aussagen.
3. Vervollständigen Sie das Schaubild.
4. Ergänzen Sie die Mindmap.
5. Vergleichen Sie Ihre Lösung mit einem Partner / einer Partnerin.

Text:

Rolf ist ein erfolgreicher, viel beschäftigter Mann. Als Geschäftsführer einer Ladeneinrichtungsfirma ist er viel unterwegs. Heute führen ihn Kundengespräche und Sitzungen in den Raum Basel. Für Privates bleibt ihm wenig Zeit; deshalb organisiert er sich wenn immer möglich so, dass er private Termine mit geschäftlichen verbinden kann. So auch heute Abend. Vor zwei Tagen hat er sie angerufen und mit ihr dieses Gespräch abgemacht. Seit seiner Heirat mit Anna-Maria vor zwei Jahren hat sich die Beziehung zu Julia merklich abgekühlt; sie hat sich nur noch selten bei ihm gemeldet. Und seit der Geburt des kleinen Nico herrscht von ihrer Seite her Funkstille. Rolf kann sich vorstellen, weshalb sie diese Distanz zu ihm sucht, und will mit ihr darüber reden.

Julia hat noch zwei Jahre nach dem Lehrabschluss bei ihrer Mutter gelebt. Dann ist sie nach Basel zu ihrem Freund gezogen. Beide arbeiten bei einer Versicherungsgesellschaft. Die Trennung ihrer Eltern vor vier Jahren hat sie bis heute nicht so richtig verkraftet. Sie hat die Kindheit und Jugendzeit in so guter Erinnerung. Obwohl ihr Vater geschäftlich viel unterwegs war und ihre Mutter ein eigenes Geschäft führte, hatten die beiden viel Zeit für Julia, immer konnte sie mit ihren Fragen und Sorgen zu ihren Eltern gehen, sie verbrachten wunderschöne Ferien am Meer und in den Bergen. Dann die überraschende Trennung; ihr Vater hatte sich in eine andere verliebt, Anna-Maria, damals fünfundzwanzig – zwanzig Jahre jünger als er. Mit neunundvierzig ist er nun nochmals Vater geworden.

Rolf weiss, dass seine Tochter ihm noch nicht verziehen hat, dass er damals Felicitas wegen einer anderen Frau verliess. Julia konnte Anna-Maria von Anfang an nicht leiden; die wenigen Treffen waren stets geprägt von kühler Distanz, ja sogar von Ablehnung. Wahrscheinlich findet Julia auch bei ihrem Freund Unterstützung für ihre abweisende Haltung gegenüber ihrem Vater und der neuen Frau an seiner Seite. Und jetzt hat sie vor drei Monaten noch einen Halbbruder erhalten. Auf die Karte mit der Geburtsanzeige hat sie überhaupt nicht reagiert und sich auch sonst nicht gemeldet. Das kann Rolf zwar so akzeptieren, trotzdem möchte er heute Abend mit Julia über ihre Vater-Tochter-Beziehung reden. Probleme löst man mit Gesprächen, das hat er schliesslich in seinen vielen Weiterbildungskursen gelernt …

Schaubild

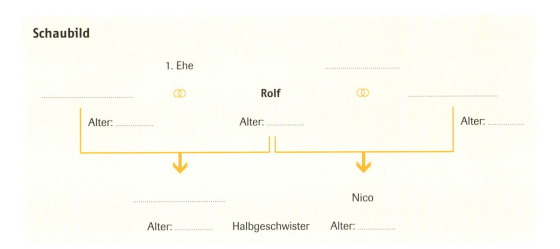

Mindmap

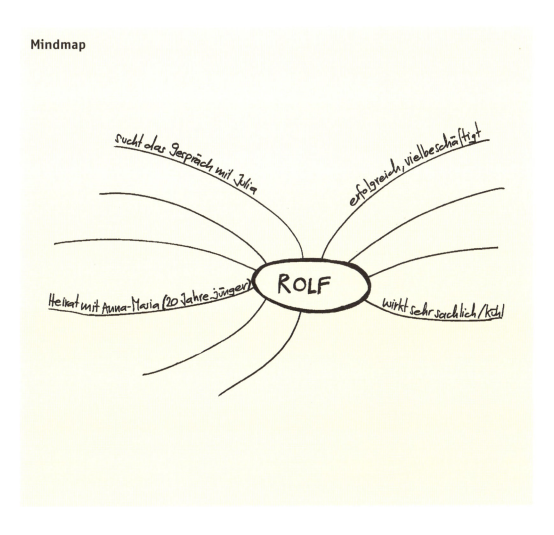

ÜBUNG 2

1. Lesen Sie den folgenden Text mit der Drei-Ü-Methode durch.
2. Setzen Sie die Textbearbeitung ab Zeile 4 fort.
3. Unterstreichen Sie Wörter, die Sie nicht verstehen. Schlagen Sie diese nach und schreiben Sie die Bedeutung an den Rand.
4. Lösen Sie anschliessend die Aufgaben zum Textverständnis.

Zeilen		Randnotizen
	## Faszinosum Musical	
1	**Liebe und Leid, Elend und Glamour, Leidenschaft und Romantik: Die Welt**	Glanz/Ruhm
2	**des Musicals bietet Emotionen pur. Sie ist faszinierend und mobilisiert**	Gefühle
3	**Massen. Was sind die Gründe für dieses Phänomen?**	Erscheinung
4	Himmeltraurig ist's, wie der von Krebs und Schnaps gebeutelte Dällebach	
5	Kari zuletzt seinen Abgang machen muss und nebst einer trauernden, für	
6	den tragischen Helden ein Leben lang unerreichbar gebliebenen Jugendlie-	
7	be ein nicht minder erschüttertes Publikum zurücklässt. Das Musical rund	
8	um das Berner Stadtoriginal mit gebrochenem Herzen und hintersinnigem	
9	Humor ist ein Tränendrüsendrücker. Das gefällt den Leuten. Genau solche	
10	Stoffe, die ohne intellektuelle Verbrämung die ganz grossen Gefühle wie Lie-	
11	be, Glück, Verlust, Angst und Trauer zelebrieren, kommen an beim Publikum,	
12	das in Scharen in die Musiktheater strömt.	
13	Eine gute Musicalgeschichte ist leicht verständlich und gradlinig erzählt. Die	
14	Figuren sind karg gezeichnet. Es wird schnell klar, wer die Guten sind und	
15	wo die Bösen hocken. Die Handlung ist verpackt in Lachen und Leiden, Tanz	
16	und Theater, Musik und Moral. Was braucht der Mensch mehr, wenn er sich	
17	einfach einen Abend lang unterhalten lassen und wohlfühlen möchte?	
18	Ein Gratisvergnügen können Musicals freilich nie sein. Die Anforderungen	
19	an Ausstattung und Inszenierung steigen stetig. Das Publikum hat in der	
20	heutigen Freizeitgesellschaft sehr wohl Vergleichsmöglichkeiten. Und es	
21	lässt sich nicht für dumm verkaufen, schon gar nicht bei den stattlichen Ti-	
22	cketpreisen der Musicals. Staatliche Subventionen oder Defizitgarantien gibt	
23	es nicht, aber wenigstens Gelder von Sponsoren, die in Inseraten und auf	
24	Plakaten sowie im Umfeld der Bühne Präsenz markieren.	
25	Mit Musicals lässt sich gutes Geld verdienen, aber auch viel verlieren. Eine	
26	Erfolgsgarantie gibt es nicht. Ein Produzent kann alles richtig machen und	
27	trotzdem scheitern. So wurde zum Beispiel die Produktion «Die Schweizer-	
28	macher» zum Flop. Und dies, obwohl der Film in den siebziger Jahren einer	
29	der grössten Schweizer Kinoerfolge war und obschon sowohl bei der Aus-	
30	stattung als auch bei der Besetzung mit grosser Kelle angerichtet wurde. Die	
31	Medien waren begeistert, das Publikum blieb aus. Auch der «Dällebach Kari»	
32	ist keine 100-prozentige Erfolgsgeschichte. So blieben die Aufführungen in	
33	Zürich im Frühling 2011 hinter den Erwartungen zurück.	
34	Dass die Musical-Geschmäcker nicht überall gleich sind, zeigt auch das Mu-	
35	sical «Elisabeth. Die wahre Geschichte der Sissi». In Deutschland und Ös-	
36	terreich ist das hervorragend gemachte Stück ein Renner. In der republika-	
37	nischen Schweiz, die es nicht so sehr mit dem Adel und den Königshäusern	
38	hat, ist die tragische österreichische Kaiserin weniger populär. Die Schweizer	
39	Gastspiele sind entsprechend kurz.	
	Aus: PANORAMA, Kundenmagazin der Raiffeisenbanken, Ausgabe 3/2012 (gekürzte Fassung)	

Aufgaben und Fragen

1. Um welche Textsorte handelt es sich?   ☐ Sachtext   ☐ literarischer Text

2. Was ist die Schreibabsicht?

3. Wie ist der Titel des Artikels zu verstehen?

4. Was erfährt man im ersten Abschnitt (Z. 4–12) über Dällebach Kari? Beschreiben Sie die Figur in Form einer stichwortartigen Aufzählung oder zeichnen Sie eine Mindmap.

Stichwörter:	Mindmap:

5. Was ist gemeint mit den unterstrichenen Textteilen? Erklären Sie in eigenen Worten.

   … und nebst […] ein nicht minder erschüttertes Publikum zurücklässt (Z. 7)

   das Berner Stadtoriginal […] ist ein Tränendrüserdrücker (Z. 8 / 9)

   Genau solche Stoffe, die ohne intellektuelle Verbrämung […] die ganz grossen Gefühle […] zelebrieren (Z. 9 – 11).

6. Setzen Sie vier passende kurze Zwischentitel ein.

   Abschnitt Z. 13–17:

   Abschnitt Z. 18–24:

   Abschnitt Z. 25–33:

   Abschnitt Z. 34–39:

7. Was erwartet das Publikum von einem Musical? Ergänzen Sie.

   Die Geschichte muss _____ dargestellt sein.

   Bei den Figuren muss man von Anfang an wissen, wer _____ sind.

   Das Stück muss die Leute _____ ;

   sie müssen sich _____ .

8. Welches sind die zwei wichtigsten Einnahmequellen bei Musicals?

9. Erklären Sie, weshalb das Musical «Elisabeth. Die wahre Geschichte der Sissi» in der Schweiz nicht so gut läuft wie in Deutschland und Österreich.

1.3 Texte analysieren und interpretieren

Bevor man in die Analyse oder die Interpretation eines Textes einsteigt, muss geklärt werden, ob es sich um einen Sachtext oder einen literarischen Text handelt. Diese Unterscheidung ist deshalb wichtig, weil bei der Untersuchung von Sachtexten und Literatur unterschiedlich vorgegangen wird: Bei Sachtexten geht es primär um die Textanalyse, währenddem bei literarischen Texten die Interpretation hinzukommt. Die folgende Gegenüberstellung zeigt den Unterschied zwischen Analyse und Interpretation auf.

Analyse und Interpretation

Sachtext	**Literatur**
• bildet die Wirklichkeit ab • ist konkret und sachlich • ist Sprachhandwerk • verzichtet auf Andeutungen und versteckte Botschaften	• erfindet eine eigene Wirklichkeit • ist kreativ • ist eine Kunstform • verwendet Andeutungen und Verfremdungen • Botschaften werden «versteckt»
Das Geschriebene und das Gemeinte sind in der Regel deckungsgleich.	Das Geschriebene und das Gemeinte sind oft nicht deckungsgleich.
Beispiel aus einem Protokoll: *«Der Raum war mit 18 Grad für die meisten Kursteilnehmenden zu kalt.»*	Beispiel aus einem literarischen Text: *«Schon nach ein paar Minuten spürte sie: In diesem Raum war es für sie zu kalt.»*
Analyse Bei der Analyse geht es um das genaue Verstehen des Inhalts. Da das Geschriebene und das Gemeinte in der Regel deckungsgleich sind, müssen die Aussagen nicht speziell gedeutet bzw. interpretiert werden.	**Interpretation** Bei der Interpretation geht es um das Verstehen «zwischen den Zeilen». Die Aussage muss sowohl auf der Ebene des Geschriebenen als auch auf der Ebene des Gemeinten (= Interpretationsebene) gelesen werden. So kann der Beispielsatz bedeuten: Die Person fühlt sich nicht akzeptiert, nicht geborgen, einsam. Sie spürt die Gefühlskälte der anderen.

ÜBUNG 1

1. Was könnte mit den unten aufgeführten Textstellen gemeint sein? Welche Interpretationen sind möglich?
2. Vergleichen und diskutieren Sie Ihre Lösungen mit einem Partner / einer Partnerin.

Textstelle 1

Das Geschriebene: «Ich sehe am Horizont mächtig dunkle Wolken aufziehen …» (aus einer frei erfundenen Erzählung)

Interpretation (das Gemeinte):

Textstelle 2

Das Geschriebene: «Mein Vater ist noch immer ein Riese.»

Satz aus der Erzählung «Das Urteil» von Franz Kafka

Interpretation (das Gemeinte):

....

....

Textstelle 3

Das Geschriebene: «Sein Blick ist vom Vorübergehn der Stäbe / so müd geworden, dass er nichts mehr hält.»

Verszeilen aus dem Gedicht «Der Panther» von Rilke, siehe Seite 13

Interpretation (das Gemeinte):

....

....

ÜBUNG 2

1. Verfassen Sie einen kurzen Text (10 bis 15 Sätze) mit dem Titel «Ich bin ein Boot».
2. Tauschen Sie die Texte aus. Versuchen Sie, das Geschriebene zu interpretieren. Unterscheiden Sie dabei wie in Übung 1 die beiden Ebenen «das Geschriebene» und «das Gemeinte».
3. Lesen Sie Ihre Interpretationsansätze der Verfasserin / dem Verfasser vor. Diskutieren Sie darüber. Seien Sie sich dabei bewusst, dass es bei Interpretationen nicht um richtig oder falsch, sondern um mögliche Sichtweisen geht.

Sachtexte analysieren

Grundlage einer Textanalyse ist das genaue Lesen und Verstehen des Textes (siehe Seite 15, Lesemethode). Zur sorgfältigen Textuntersuchung dient das folgende Analyse-Instrument, das aus vier Themenbereichen und entsprechenden Leitfragen besteht.

Analyse-Instrument für Sachtexte

KONTEXT
- Wann ist der Text entstanden?
- Wer hat den Text verfasst?
- Wo wurde der Text publiziert?
- Was ist die Schreibabsicht?
- Um welche Textsorte handelt es sich?
- An wen richtet sich der Text?

INHALT
- Welches ist das zentrale Thema?
- Welches sind Nebenthemen?
- Welche Aspekte des Themas werden behandelt?
- Welche Argumente werden genannt?

AUFBAU
- Wie ist der Text aufgebaut?
- Wie umfangreich sind die einzelnen Abschnitte?
- Wie ist der Text angereichert (Bilder, Grafiken, Zeichnungen …)?

SPRACHE
- Wie ist die Wortwahl (Stilebenen, Füllwörter …)?
- Wie ist der Satzbau (einfach, kompliziert, Aktivstil / Passivstil …)?
- Wie lässt sich der Schreibstil einordnen (restringierte / elaborierte Sprache …)?
- Welche sprachlichen Besonderheiten fallen auf (rhetorische Stilmittel, auffällige Wiederholungen, Interpunktion …)?
  Siehe dazu «Sprachklar.|1», Kapitel Stilistik

ÜBUNG 3

1. Lesen Sie den unten stehenden Text mit der Drei-Ü-Methode (siehe Seite 15).
2. Nehmen Sie anschliessend die Textanalyse vor, indem Sie zu den vier Analysebereichen die Fragen beantworten. Achten Sie auf kurze Antworten; diese können auch in Form von Stichwörtern gegeben werden.

Zeilen		Randnotizen
	Umzug mit Kindern	

Umzug mit Kindern

1 **Ein Umzug bringt viele Veränderungen. Erwachsene kommen gut damit**
2 **klar. Denken Sie aber daran, auch Ihre Kinder rechtzeitig auf die Umstel-**
3 **lung vorzubereiten.**

4 Umziehen bedeutet Stress für Erwachsene – den Kindern geht es nicht an-
5 ders. Auch wenn sie sich noch nicht damit herumschlagen müssen, Kisten zu
6 packen, den Backofen zu putzen oder Schränke auseinanderzuschrauben:
7 Sie verlieren ihre vertraute Umgebung und müssen Abschied nehmen von
8 Freunden. Oft sind sie während des Umzugs und die ersten Tage im neu-
9 en Zuhause unruhig, können mit Hyperaktivität, Weinen, Ess- und Schlaf-
10 störungen oder Aggressivität reagieren. Mit ein paar Tipps können Sie Ihren
11 Kindern dabei helfen, sich am neuen Ort schnell wohlzufühlen.

12 **Kinder früh einbeziehen**
13 Es ist wichtig, das Kind nicht zu überrumpeln: Sprechen Sie frühzeitig über
14 den Umzug, erklären Sie, warum der Wohnungswechsel ansteht, und erzäh-
15 len Sie vom neuen Wohnort. Ein Besuch der Wohnung vor dem Umzug kann
16 dem Kind dabei helfen, sich auf sein neues Zuhause einzustellen. Erkunden
17 Sie zusammen die Umgebung und lernen Sie Spielplätze, Parks oder Ge-
18 schäfte in der Nachbarschaft kennen.

19 **Packen und los geht's**
20 Beim Packen sollten Sie besonders den kleineren Kindern erklären, dass Sie
21 ihnen ihre Spielsachen nicht wegnehmen und das Einpacken in die Karton-
22 schachteln nur vorübergehend ist. Ihre liebsten Dinge sollten die Kleinen
23 gleich selber verpacken. Kleinkinder werden für den Umzug am besten bei
24 Verwandten oder einem Babysitter untergebracht. Grössere Kinder können
25 aber gut selbst mit anpacken. Geben Sie ihnen möglichst genaue Anwei-
26 sungen und lassen Sie sie spüren, dass Sie ihre Hilfe brauchen. Das liebste
27 Kuscheltier und genug Proviant sollten während des Umzugs immer zur
28 Hand sein.

29 **Ankommen im neuen Zuhause**
30 Als Erstes sollte in der neuen Wohnung das Kinderzimmer eingerichtet wer-
31 den. Die Kleinen finden sich so schneller zurecht und können sich wieder mit
32 ihren liebsten Spielsachen beschäftigen. Achten Sie zudem darauf, das Zim-
33 mer gleich einzurichten wie am alten Ort, um für etwas Stabilität zu sorgen.
34 Das ist nicht der richtige Moment, die vertrauten Kindermöbel zu ersetzen.
35 Den Kindern gibt es Sicherheit, wenn der Tagesablauf so weit als möglich der
36 gleiche ist wie im alten Zuhause – und zwar schon am ersten Abend. Ein ge-
37 meinsames Nachtessen zur üblichen Zeit und die Gutenachtgeschichte vor
38 dem Einschlafen vermitteln Geborgenheit.

www.immoscout24.ch, Rubrik «Ratgeber», erschienen am 22.5.2012
von Daniela Hefti, Journalistin

Kontext

- Wer hat den Text verfasst?
- Wo wurde der Text publiziert?
- Wann ist der Text erschienen?
- Was ist die Schreibabsicht?
- Um welche Textsorte handelt es sich?
- An wen richtet sich der Text?

Inhalt

- Welches ist das zentrale Thema?
- Welche Aspekte des Themas werden behandelt?
- Welche Argumente werden genannt?

Aufbau

- Wie ist der Text aufgebaut?
- Wie umfangreich sind die einzelnen Abschnitte?

Sprache

- Wie ist die Wortwahl?
- Wie ist der Satzbau?
- Wie lässt sich der Schreibstil einordnen?
- Welche sprachlichen Besonderheiten fallen auf?

ÜBUNG 4

1. Lesen Sie den folgenden Text mit der Drei-Ü-Methode aufmerksam durch.
2. Lösen Sie danach die Aufgaben und beantworten Sie die Fragen.
3. Vergleichen und besprechen Sie Ihre Lösungen mit einem Partner / einer Partnerin.

Zeilen		Randnotizen

Dramatischer Anstieg der Krebserkrankungen befürchtet

1   **Wissenschaftler befürchten in den kommenden zwanzig Jahren einen dra-**
2   **matischen Anstieg der Krebserkrankungen in der ganzen Welt. Die Rate von**
3   **Neuerkrankungen könnte bis 2030 weltweit um 75 Prozent wachsen, heisst**
4   **es in einer Studie.**

5   In den ärmsten Entwicklungsländern sieht die Lage demnach sogar noch
6   schlimmer aus. Hier könnte es einen Anstieg von 90 Prozent geben, wie die
7   Forscher des Internationalen Krebsforschungszentrums IARC im französi-
8   schen Lyon berichteten. Sie mahnten, dass sowohl wohlhabende als auch
9   Schwellen- und Entwicklungsländer sich vorbereiten und effektive Präven-
10   tionsmassnahmen entwickeln müssten.
11   Grund für die Ausbreitung seien unter anderem die sich ändernden Lebens-
12   bedingungen und -gewohnheiten, erklärte Studienleiter Freddie Bray der
13   Nachrichtenagentur dpa. Mit der Ausweitung des «typisch westlichen Le-
14   bensstils» steige auch das Krebsrisiko.

15   **Fettsucht und Rauchen**
16   Dazu gehörten sich ändernde Ernährungsgewohnheiten, wachsende Proble-
17   me mit Fettsucht, Rauchen oder weniger Bewegung. Auch die Tatsache, dass
18   Frauen mit wachsendem Wohlstand immer später und immer weniger Kin-
19   der bekommen, erhöhe die Gefahr, etwa an Brustkrebs zu erkranken, erklärte
20   Bray. Ein weiterer Faktor ist das höhere Alter, das Menschen in wohlhaben-
21   den Ländern erreichen.
22   Eines der Ergebnisse ist aber auch, dass bestimmte Krebsarten wie etwa
23   Gebärmutterhalskrebs, die häufig durch Infektionen ausgelöst werden,
24   durch bessere medizinische Versorgung zurückgehen. Dieser Rückgang al-
25   lerdings gleiche sich durch die Zunahme anderer, typisch «westlicher» Krebs-
26   arten mehr als aus, heisst es.
27   «Krebs ist in vielen Ländern mit hohen Einkommen schon jetzt die Haupt-
28   Todesursache», sagte Bray. In den kommenden Jahren werde sich dies auf
29   die ganze Welt ausweiten. «Diese Studie zeigt, dass global gehandelt werden
30   muss, um die wachsende Belastung durch Krebs zu verringern.»

Schweizerische Depeschenagentur (sda), 23.6.2012

Aufgaben und Fragen

1. Um welche Textsorte handelt es sich? ☐ Sachtext ☐ literarischer Text

2. Benennen Sie die Textsorte genau:

3. Wie ist der Text aufgebaut?

4. Fassen Sie die wichtigsten Aussagen des ersten und zweiten Teils in je zwei kurzen Sätzen zusammen.

Erster Teil Z. 5–14
Satz 1:

Satz 2:

Zweiter Teil Z. 15–30
Satz 1:

Satz 2:

5. Beschreiben Sie die Sprache.

Wortwahl:

Satzbau:

Sprachliche Besonderheiten:

Stil:

Literarische Texte analysieren und interpretieren

Bei literarischen Texten wird die Analyse mit einer Interpretation ergänzt. Das Wort «interpretieren» stammt aus dem Lateinischen und bedeutet «etwas deuten», «erklären», «auslegen». Bei einer Interpretation geht es also um mehr als um das reine Verstehen des Inhalts; es geht darum herauszufinden, was «zwischen den Zeilen» gemeint sein könnte. Grundlage ist auch hier das sorgfältige Lesen und genaue Verstehen des Textes; dazu dient ebenfalls – wie bei Sachtexten – ein Analyse-Instrument.

Analyse-Instrument für literarische Texte

KONTEXT

- Wann ist der Text entstanden?
- Wer hat den Text verfasst?
- Wo wurde der Text publiziert?
- Um welche Textsorte handelt es sich?
- Welche Absicht verfolgt der Autor/die Autorin?
- Welche Haltung des Autors kann man erkennen?

INHALT

Thema
- Welches ist das zentrale Thema?
- Welches sind Nebenthemen?

Handlung
- Was passiert (Aktion)?
- Wann findet das Geschehen statt (Zeit)?
- Wo findet das Geschehen statt (Ort)?

Personen
- Welche Personen kommen vor (Personenkonstellation)?
- Welche Person steht im Mittelpunkt (Hauptfigur)?
- Welche Gefühle und Ideen hat die Hauptfigur?
- Verändern sich die Figuren?

AUFBAU

- Wie ist der Text aufgebaut?
- Wo hat es Überraschungen?
- Wo ist der Höhe- bzw. Wendepunkt?
- Aus welcher Perspektive wird das Geschehen dargestellt?

SPRACHE

- Wie ist die Wortwahl?
- Wie ist der Satzbau?
- Welche Sprachbilder werden verwendet?
- Welche sprachlichen Besonderheiten fallen auf?
- Welche Beziehung zwischen Sprache und Inhalt kann festgestellt werden?

1. Lesen Sie den unten stehenden Text mit der Drei-Ü-Methode (siehe Seite 15) aufmerksam durch.

ÜBUNG 5

2. Nehmen Sie anschliessend die Textanalyse vor, indem Sie zu den vier Analysebereichen die Fragen beantworten. Achten Sie auf kurze Antworten; sie können auch in Form von Stichwörtern gegeben werden.

3. Vergleichen und besprechen Sie Ihre Lösungen zu zweit oder in der Gruppe.

Zeilen		Randnotizen

Die besseren Zeiten

1 Ankommen – nach einer Fahrt über die Jurahöhen, durch Schneetreiben, mit
2 Schwanken und Rucken in diesem engen Gefährt, das, von Vater gesteuert,
3 am Ende des Dorfes S. unvermittelt vor einem Garagentor hielt. Der Motor
4 erstarb, eine Stille legte sich um den Wagen, und in den Scheiben standen
5 unbewegt die Ausblicke. Vater, der seinen Kopf gegen das Wageninnere wen-
6 dete, so dass die kurze, gerade Nase und sein kantiges Kinn als Silhouette
7 unter der Hutkrempe sichtbar wurden, sagte:
8 – So! Da werden wir wohnen.
9 Die Worte weckten eine Erwartung, die uns aussteigen hiess, Mutter in ihrem
10 Biberfellmantel, in neuen gefütterten Schuhen, die sie «fürs Dorf» gekauft
11 hatte, mein Bruder und ich in schweren Wollmänteln, die Baskenmützen auf
12 dem Kopf. Wir standen auf dem Vorplatz, in der kalten schneidenden Luft,
13 folgten stapfend Vater durch den gedeckten Eingangsbereich und betraten
14 das Haus, die leeren, hallenden Räume.

15 – Ich habe mir das ganz anders vorgestellt, sagte Mutter, als sie vom künfti-
16 gen Esszimmer durch die Schiebetür ins Wohnzimmer trat. Und ich stellte
17 mich ans Fenster des dämmrigen Zimmers, das ich mit meinem Bruder tei-
18 len sollte, sah in eine Schneelandschaft, die sich unter einem nebligen Grau
19 bis an den Fuss eines Hügelzuges erstreckte, eine Ebene, in der kein Zeichen
20 den Blick aufhielt. Und ein aus Neugier und Ängstlichkeit gemischtes Gefühl
21 bedrängte mich, der ich seit ein paar Augenblicken am Fenster meines künf-
22 tigen Zimmers stand, in die Ebene hinaussah, und mir nicht klar wurde, ob
23 ich wirklich hier sein möchte, in dem Dorf S., wohin die Familie an diesem
24 Februartag am Anfang der Fünfzigerjahre hatte umziehen müssen.

Aus: Christian Haller: Die besseren Zeiten © Luchterhand / Random House, München, 2006. S. 9–10.
Beginn des Romans. Das ganze Werk umfasst 283 Seiten.

Kontext

- Wann ist der Text erschienen?
- Wer hat den Text verfasst?
- Wo wurde der Text publiziert?
- Um welche Textsorte handelt es sich?

....

....

....

....

....

....

....

....

....

....

....

....

....

....

Inhalt

Thema

- Welches ist das zentrale Thema?
- Welches sind Nebenthemen?

Hauptthema:

Nebenthemen:

Handlung

- Was passiert (Aktion)?
- Wann findet das Geschehen statt (Zeit)?
- Wo findet das Geschehen statt (Ort)?

....

....

Personen

- Welche Personen kommen vor (Personen-konstellation)?
- Welche Person steht im Mittelpunkt (Hauptfigur)?
- Welche Gefühle und Ideen hat die Hauptfigur?

....

....

....

Aufbau

- Wie ist der Text inhaltlich aufgebaut?
- Wo hat es Überraschungen?
- Wo ist der Höhe- bzw. Wendepunkt?
- Aus welcher Perspektive wird das Geschehen dargestellt?

....

....

....

....

....

....

....

....

....

....

Sprache

- Wie ist die Wortwahl?
- Wie ist der Satzbau?
- Welche sprachlichen Besonderheiten fallen auf?
- Welche Beziehung zwischen Sprache und Inhalt kann festgestellt werden?

....

....

....

....

....

....

....

....

....

....

1. Lesen Sie den nachfolgenden Text zuerst mit der Drei-Ü-Methode (siehe Seite 15) aufmerksam durch.

2. Lösen Sie anschliessend die Aufgaben und beantworten Sie die Fragen.

Zeilen	**Es klopft**	Randnotizen

Es klopft

1 Seit einer Stunde lag er im Bett und konnte nicht einschlafen. Auf dem Rü-
2 cken nicht, auf dem Bauch nicht, auf der linken Seite nicht, und auf der
3 rechten Seite auch nicht. Das war ihm schon lange nicht mehr passiert. Er
4 war neunundfünfzig, und gewöhnlich war er am Abend so müde, dass er,
5 nachdem er im Bett noch ein paar Zeilen in einem Buch gelesen hatte, die
6 Nachttischlampe löschte, der Frau an seiner Seite einen Gute-Nacht-Wunsch
7 zumurmelte und nach wenigen Atemzügen einschlief. Erst wenn ihn seine
8 Blase um zwei oder drei Uhr weckte, konnte es vorkommen, dass er den
9 Schlaf nicht gleich wieder fand, dann stand er auf, nahm das Buch in die
10 Hand und schlich sich leise aus dem gemeinsamen Schlafzimmer in seinen
11 Arbeitsraum, bettete sich dort auf seine Couch und las so lange, bis ihm die
12 Augen zufielen.
13 Er dachte an den morgigen Tag, es war ein Montag, das heisst, dass ihn eine
14 volle Praxis erwartete. Um halb elf waren sie beide zu Bett gegangen, nun
15 zeigten die Leuchtziffern seiner Uhr schon fast Mitternacht, und er sah sei-
16 ne Ruhezeit dahinschrumpfen, denn morgens um sechs würde mitleidlos
17 der Wecker klingeln. Aufstehen und ins Arbeitszimmer wechseln, mit dem
18 Buch in der Hand? Er fürchtete, dadurch seine Frau zu wecken, und er fürch-
19 tete ihre Frage, ob er nicht schlafen könne. Warum, würde sie dann fragen,
20 warum kannst du nicht schlafen? Dann müsste er zu einer Notlüge greifen.
21 Manchmal, wenn ihm ein Behandlungsfehler unterlaufen war oder wenn
22 sich eine folgenschwere Komplikation eingestellt hatte, was zum Glück sel-
23 ten vorkam, stand der Patient nachts plötzlich vor ihm mit seinem ganzen
24 Unglück und wollte ihn nicht in den Schlaf entlassen. Für solche Fälle hatte
25 er ein Schächtelchen Rohypnol* in seiner Hausapotheke, aber er hasste es,
26 wenn er sich betäuben musste, und zudem war er mit der Dosierung nie ganz
27 sicher. Nahm er eine ganze Tablette, schlief er zwar gut ein, hatte aber grosse
28 Mühe mit dem Erwachen und musste noch lange in den Vormittag hinein
29 mit der Wirkung kämpfen, nahm er nur eine halbe Tablette, reichte diese un-
30 ter Umständen nicht zum Schlafen und gab ihm dennoch am nächsten Mor-
31 gen ein dumpfes Gefühl. Es hing von der Schwere des Problems ab, ob er die
32 ganze oder die halbe Pille schluckte.
33 Und heute handelte es sich um ein schweres Problem.

* Rohypnol ist ein Schlafmittel. Es wird auch vor chirurgischen Eingriffen und gelegentlich auch noch anschliessend zur Beruhigung der Patienten angewendet.

Aus: Franz Hohler: Es klopft © Luchterhand, München. S. 5–6.
Beginn des Romans. Das ganze Werk umfasst 175 Seiten.

Aufgaben und Fragen

1. Fassen Sie die Handlung in einem Satz zusammen. Die Zusammenfassung beantwortet die Fragen «Wer?», «Was?», «Wann?», «Wo?» und «Weshalb?».

   ....

   ....

2. Was ist das zentrale Thema?

   ....

3. Aus welcher Perspektive wird die Geschichte erzählt?

   ....

4. Was erfährt man über die Hauptfigur? – Beschreiben Sie stichwortartig …

   a) die äusseren Merkmale:

   ....

   b) ihre Gewohnheiten:

   ....

   ....

5. Markieren Sie mit zwei verschiedenen Farben alle Textstellen, die über die Nacht berichten, und jene Abschnitte, in denen man etwas über das allgemeine Verhalten der Hauptfigur erfährt. Geben Sie in der Tabelle die entsprechenden Zeilen an.

   Textstellen, in denen man etwas über die Nacht erfährt:

   ....

   Textstellen, die Allgemeines erzählen:

   ....

6. Sprachliche Gestaltung: Vergleichen Sie die ersten drei Sätze mit den nachfolgenden Sätzen bis zur Zeile 12. Welche Beziehung zwischen Sprache und Inhalt kann festgestellt werden?

   ....

   ....

   ....

   ....

   ....

   ....

7. Die Lesenden erfahren nicht, welches Problem dem Mann den Schlaf raubt. Worum könnte es sich am ehesten handeln? Kreuzen Sie an und begründen Sie Ihre Antwort.

   ☐ Geldsorgen   ☐ Beziehungsproblem   ☐ Angst vor der Arbeit

   Begründung:

   ....

   ....

   ....

1. Lesen Sie den nachfolgenden Text mit der Drei-Ü-Methode aufmerksam durch.
2. Lösen Sie danach die Aufgaben und beantworten Sie die Fragen.

ÜBUNG 7

Zeilen	**Frauen und Fussball**	Randnotizen
1	Frauen verstehen erwiesenermassen nichts von Fussball. Wieso das so ist,	
2	wurde wissenschaftlich leider nie abschliessend untersucht. Aber es muss	
3	offenbar irgendwie genetisch bedingt sein. So wie Japaner keine Milch ver-	
4	dauen, Indianer keinen Alkohol vertragen und Männer keine Kinder krie-	
5	gen können, so können eben Frauen den Fussball nicht begreifen. Es geht	
6	einfach nicht, rein biologisch. Das soll keineswegs abwertend sein! Frauen	
7	können ansonsten so ziemlich alles, was Männer auch können (ausser seit-	
8	wärts parkieren). Dank erhöhter Chancengleichheit können die Ladys heut-	
9	zutage problemlos Kampfjets fliegen, multinationale Konzerne leiten, DNA-	
10	Codes entschlüsseln, Superhochleistungsrechner entwerfen etc. Aber keine	
11	Frau wird jemals in der Lage sein, den Unterschied zwischen einem Torwart	
12	und einem Schiedsrichter («Die sind doch fast gleich angezogen») zu ver-	
13	stehen, oder den zwischen einem direkten oder einem indirekten Freistoss.	
14	Es geht einfach nicht! Frauen können zwar erkennen, dass nicht alle Spieler	
15	bei derselben Mannschaft spielen und dass Zinédine Zidane eine andere Fri-	
16	sur hat als Hakan Yakin, aber sie werden niemals den Unterschied verste-	
17	hen zwischen einem Elfmeter und einem Eckball oder zwischen einem Ein-	
18	wurf und einer Laugenbrezel oder zwischen einem Linienrichter und einem	
19	Space-Shuttle («… was macht der Kerl mit der Fahne da genau?»). Niemals!	
20	Es geht einfach nicht! Biologisch gesehen! Das ist dann auch keineswegs böse	
21	gemeint. Das sollten sich insbesondere diejenigen Männer merken, die sich	
22	immer über die unbedarften Kommentare ihrer Gattinnen bei Sportsendun-	
23	gen ärgern. Wenn Sie Ihre Liebste bei der nächsten TV-Übertragung Frank-	
24	reich–Brasilien in der 86. Minute mal wieder mit der Frage «Welches sind	
25	eigentlich die Schweizer, die Blauen oder die Gelben?» überrascht, nehmen	
26	Sie es ganz gelassen. Atmen Sie ganz ruhig, zählen Sie leise bis zehn, nehmen	
27	Sie einen Schluck von der gold-braunen homöopathischen Substanz, die sie	
28	vor dem Spiel bereitgestellt haben. Ändern kann man ja doch nix.	

Aus: Nebelspalter, Ausgabe Nr. 5 / Juni 2006
von Andreas Broger

Aufgaben und Fragen

1. Was ist die Schreibabsicht?

....

2. Um welche Textsorte handelt es sich?

....

3. Der Autor baut seinen Text auf einer Provokation auf. Auf welcher?

Provokation:

....

Begründung:

....

4. In den ersten sechs Zeilen hat der Autor zwei Widersprüche konstruiert. Welche?

Widerspruch 1:

Widerspruch 2:

5. Neben den Aussagen zum Fussballverständnis hat der Autor im ersten Teil noch eine andere abwertende Meinung gegenüber den Frauen eingebaut. Welche?

6. Der Autor verwendet verschiedene Ausdrücke für «Frauen», die die abwertende Haltung verstärken. Nennen Sie drei Ausdrücke.

7. Nennen Sie drei Textstellen mit Behauptungen und groben Verallgemeinerungen.

8. Beurteilen Sie folgende Aussagen. Kreuzen Sie an:

1 = stimmt / 2 = stimmt nicht / 3 = kann aus dem Text heraus nicht beantwortet werden.

Aussagen	1	2	3
Der Autor verwendet bewusst verschiedene Vorurteile.	☐	☐	☐
Der Text analysiert das Fussballverständnis der Frauen.	☐	☐	☐
Der Autor will mit seinem Text die Frauen kritisieren.	☐	☐	☐
Der Autor ist selber Fussballfan.	☐	☐	☐
Der Autor kritisiert indirekt Männer, die in dieser Art über Frauen reden.	☐	☐	☐
Der Autor macht sich über die Frisuren von Fussballern lustig.	☐	☐	☐
Die Männer werden als Fussballexperten dargestellt.	☐	☐	☐
Der Text hat bei vielen Frauen negative Reaktionen ausgelöst.	☐	☐	☐

1.4 Diagramme und Bilder beschreiben und analysieren

Diagramme

Auf den Seiten 14 f. wurde dargestellt, wie wir Informationen in Textform aufnehmen. Es fällt uns beispielsweise leichter, Informationen zu überblicken und wahrzunehmen, wenn Inhalte in Form einer Aufzählung statt im Fliesstext dargestellt sind. Eine weitere Möglichkeit ist die grafische Darstellung von Informationen in Form von Diagrammen.

Was sind Diagramme?

Diagramme sind Schaubilder, in denen Daten und Informationen zeichnerisch dargestellt sind. Sie visualisieren Sachverhalte in Form von Kreisen, Linien, Balken, Säulen und mit ähnlichen Darstellungselementen. Sie haben folgende Vorteile:

- grössere Übersichtlichkeit
- bessere Einprägsamkeit
- besseres Verständnis für Zusammenhänge
- höhere Attraktivität (grafische Darstellungen wecken Interesse und erhöhen die Lesebereitschaft)

Folgendes Beispiel macht die Unterschiede deutlich zwischen der Präsentation von Zahlen in Textform, in Tabellenform und in Form eines Diagramms.

Registrierte Arbeitslose und Arbeitslosenquote 2001 – 2012

Textform	Tabellenform	Diagramm
Von 2001 bis 2004 stieg die Arbeitslosenquote stark an: von 1,7 % auf 3,9 %. Damals waren über 150 000 Menschen arbeitslos. Ab 2005 ging die Quote von Jahr zu Jahr zurück bis auf den Stand von 2,6 % im Jahr 2008, was rund 100 000 Arbeitslosen entsprach. 2009 gab es dann wieder deutlich mehr Arbeitslose; 2010 wurde mit 3,9 % der Höhepunkt erreicht. 2012 lag die Quote mit 2,8 % dann wieder über 1 % tiefer.		

Jahr	Arbeitslose	in Prozent
2001	67 197	1.7 %
2002	100 504	2.5 %
2003	145 687	3.7 %
2004	153 091	3.9 %
2005	148 537	3.8 %
2006	131 532	3.3 %
2007	109 189	2.8 %
2008	101 725	2.6 %
2009	146 089	3.7 %
2010	151 986	3.9 %
2011	122 892	3.1 %
2012	119 892	2.8 %

Quelle: Bundesamt für Statistik (BFS) / Staatssekretariat für Wirtschaft SECO

Anforderungen

Grafische Darstellungen müssen aus sich selber heraus verständlich sein. Wichtig ist, dass sie klar und eindeutig beschriftet sind. Dazu gehören Titel, Quellenangabe, Beschriftung der Achsen. Bei den meisten Diagrammen ist zudem eine kurze Erläuterung nötig. Beispiel:

Erwerbstätigkeit nach Sektoren, seit 1850   Quelle: Bundesamt für Statistik (BFS)

Betrachtet man die Entwicklung der drei Wirtschaftssektoren langfristig, wird deutlich: Die Schweiz hat sich im 19. Jahrhundert von einer Agrar- zu einer Industriegesellschaft entwickelt, im 20. Jahrhundert von einer Industrie- zu einer Dienstleistungsgesellschaft.

Achsen, Koordinatensystem

Die meisten Diagramme weisen zwei Achsen auf: eine senkrechte Achse (y-Achse) und eine waagrechte Achse (x-Achse). Auf den beiden Achsen werden die entsprechenden Grössenwerte (z. B. Jahreszahlen, Prozentpunkte) eingetragen. Die Achsen bilden ein Koordinatensystem. Darin werden die entsprechenden Zahlenwerte als Punkte eingetragen. Verbindet man die einzelnen Punkte miteinander, erhält man eine Linie oder Kurve, welche die Entwicklung veranschaulicht. Beispiel:

Entwicklung der Arbeitslosigkeit im Zeitraum 2001–2012   Quelle: Bundesamt für Statistik (BFS)

ANHANG   Auf den Seiten 142f. des Anhangs sind die wichtigsten Diagrammtypen dargestellt. Zudem sind die typischen Merkmale, Einsatzmöglichkeiten sowie Anwendungsbeispiele erläutert.

Manipulation von Diagrammen

Wer eine Statistik liest und das dazugehörende Diagramm anschaut, geht davon aus, dass die Angaben objektiv sind und stimmen. Doch im Volksmund heisst es: «Traue keiner Statistik, die du nicht selber gefälscht hast.» Was bedeutet das? – Zahlenmaterial kann leicht verfälscht werden. Auch bei der Umsetzung der Daten in Diagramme kann es zu Manipulationen kommen, beispielsweise bei der Skalierung: Durch das Kürzen oder Strecken einer Achse kann das Diagramm optisch verzerrt werden und hat dadurch auf den Betrachter und die Betrachterin eine völlig andere Wirkung, wie folgendes Beispiel veranschaulicht.

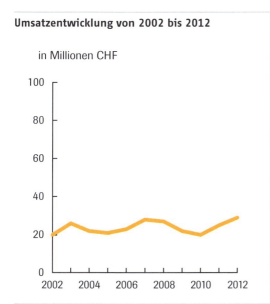

Umsatzentwicklung von 2002 bis 2012

in Millionen CHF

Umsatzentwicklung von 2002 bis 2012

in Millionen CHF

Dieses Diagramm vermittelt den Eindruck, dass der Umsatz über den Zeitraum von zehn Jahren relativ konstant geblieben ist. Grund: Die y-Achse beginnt bei 0 und erstreckt sich bis auf die Höhe von 100 Millionen Franken.

Diese Darstellung erweckt den Eindruck von starken Schwankungen bei den Umsätzen. Grund: Die y-Achse wurde gestreckt, sodass sie nur den Bereich zwischen 20 und 30 Millionen Franken aufzeigt.

Analyse von Diagrammen

Bei der Analyse von Diagrammen geht man ähnlich vor wie bei der Analyse von Sachtexten (siehe Seite 21). Man definiert die wichtigsten Bereiche und untersucht das Diagramm anhand von Leitfragen. Je nach Diagramm können jedoch nicht immer alle Leitfragen beantwortet werden.

Analyse-Instrument für Diagramme

KONTEXT
- Wer hat das Diagramm erstellt (Quelle)?
- Wann ist das Diagramm erschienen?
- Wo wurde das Diagramm publiziert?

INHALT
- Wie lautet der Titel?
- Welches ist das zentrale Thema?
- Wie ist die Grafik beschriftet?
- Was wird miteinander verglichen?
- Wie lautet der Kommentar?

FORM
- Um welchen Diagrammtyp handelt es sich?
- Wie ist die Grafik gestaltet (Form, Farbe, Achsen …)?
- Wie sind die Zahlenwerte angegeben (absolute Zahlen, Prozentzahlen, Jahreszahlen u. a.)?
- Wo liegen die Anfangs- und Endpunkte der Zahlenwerte (Skalierung)?

INTERPRETATION
- Welche besonderen Aspekte lassen sich erkennen?
- Welche Kernaussagen (Erkenntnisse) lassen sich formulieren?
- Worüber gibt das Diagramm keine Auskunft?
- Was kann den Betrachter/die Betrachterin allenfalls beeinflussen?

ÜBUNG 1   1. Beantworten Sie die unten stehenden Fragen. Studieren Sie dazu auch im Anhang, S. 142 f.,
die verschiedenen Diagrammtypen
2. Vergleichen Sie Ihre Lösungen zu zweit oder in der Gruppe.

1. Welches sind die Vorteile
von Diagrammen?

2. Welche Textteile gehören zu einem
Diagramm?

3. Sie möchten am Ende des ersten
Lehrjahres Ihre Leistungen
(Semesternoten) in den Sprach-
fächern grafisch darstellen.
Welche Diagrammtypen eignen
sich dafür?

4. Sie bereiten sich in einem Team
von sechs Personen für einen
Halbmarathon vor. Dazu absol-
viert die Gruppe regelmässig
Trainingseinheiten von 10 km. Sie
wollen die Leistungsentwicklungen
miteinander vergleichen. Welchen
Diagrammtyp würden Sie wählen?
Begründen Sie Ihre Wahl.

5. Wozu eignen sich Flächen-
diagramme?

6. Worauf muss bei der Darstellung
eines Kreisdiagramms besonders
geachtet werden?

7. Sie sind in Ihrem Lehrbetrieb für
das Postwesen zuständig und
möchten den Prozess neu organisieren. Welche grafische Darstellung wählen Sie? Begründen Sie.

8. Was ist typisch bei einem Organigramm? Zählen Sie drei Eigenschaften auf.

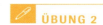

ÜBUNG 2

1. Lösen Sie die Aufgaben A–C.
2. Vergleichen Sie Ihre Lösungen zu zweit oder in der Gruppe.

Aufgabe A

Erstellen Sie mit folgenden Angaben a) ein Balkendiagramm und b) ein Kreisdiagramm.
Angaben: Wähleranteil der Bundesratsparteien, Wahlen 2011
SVP 26,6 % / SPS 18,7 % / FDP 15,1 % / CVP 12,3 % / BDP 5,4 % / Nicht-BR-Parteien: 21,9 %

Aufgabe B

Recherchieren Sie auf dem Internet zum Thema «Manipulation von Diagrammen». Beachten Sie
dabei folgende Website: www.mesosworld.ch → Lerninhalte → Grafische Darstellungen → 7.
Manipulation durch Diagramme (Vertiefung). – Notieren Sie Ihre drei wichtigsten Erkenntnisse.

Aufgabe C

Erster Schritt: Erstellen Sie ein Liniendiagramm mit folgenden Angaben:
Verkehrstote in der Schweiz 2000 – 2010
Daten: 2000: 592 / 2001: 544 / 2002: 513 / 2003: 546 / 2004: 510 / 2005: 409 / 2006: 370 / 2007: 384 /
2008: 357 / 2009: 349 / 2010: 328
Gestalten Sie die y-Achse (Anzahl Tote) wie folgt: 200 – 600
Gestalten Sie die x-Achse (Jahre) wie folgt: Abstand von 1 cm zwischen den Jahreszahlen.

Zweiter Schritt: Erstellen Sie mit demselben Zahlenmaterial ein zweites Liniendiagramm. Verändern Sie nun die Skalierung wie folgt: y-Achse (Anzahl Tote): 0 – 1000 / x-Achse (Jahre): Abstand
von 2 cm zwischen den Jahreszahlen.

Vergleichen Sie die beiden Diagramme. Was stellen Sie fest?

ÜBUNG 3

1. Betrachten Sie das Diagramm über die Zuwanderung genau.
2. Nehmen Sie anschliessend mithilfe des Lückentextes eine systematische Analyse vor.

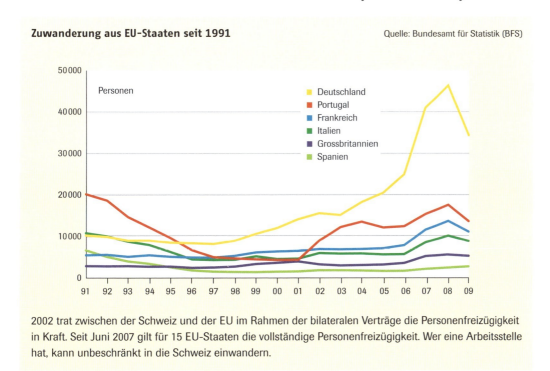

Zuwanderung aus EU-Staaten seit 1991   Quelle: Bundesamt für Statistik (BFS)

2002 trat zwischen der Schweiz und der EU im Rahmen der bilateralen Verträge die Personenfreizügigkeit
in Kraft. Seit Juni 2007 gilt für 15 EU-Staaten die vollständige Personenfreizügigkeit. Wer eine Arbeitsstelle
hat, kann unbeschränkt in die Schweiz einwandern.

Kontext

- Die Daten für das Diagramm stammen ....

- Die Grafik wurde dem Lehrmittel «Gesellschaft», hep verlag Bern, entnommen.

Form

- Es handelt sich um ein ....

- Auf der .... ist der Zeitraum 1991–2009 angegeben.

- Auf der y-Achse ist die Anzahl ....

  in absoluten Zahlen angegeben. Der Zahlenbereich erstreckt sich von ....

  ....

Inhalt

- Das Diagramm trägt den Titel «Zuwanderung aus EU-Staaten seit 1991».

- Es geht um die .... aus sechs EU-Staaten.

- Die sechs Staaten sind bestimmten .... zugeordnet.

- Im Kommentar werden erwähnt: Der Vertrag über die ....

  und die vollständige Personenfreizügigkeit für ....

Interpretation

- Auffallend sind folgende Aspekte: a) Die Zuwanderung aus ....

  hat seit 2002 .... b) Ebenfalls stark erhöht hat sich die Zuwande-

  rung aus ....; sie liegt aber mit knapp 20 000 Personen immer noch

  .... c) Die Zuwanderung aus den anderen vier EU-Staaten ist seit

  2002 .... Ab 2008 hat vor allem die Zuwanderung aus Deutschland

  deutlich abgenommen.

- Aus dem Diagramm lassen sich folgende Erkenntnisse ableiten: Die ....

  hat bewirkt, dass sehr viele Arbeitskräfte aus .... in die Schweiz ein-

  gewandert sind. Ein Anstieg ist ebenfalls bei Personen aus .... zu ver-

  zeichnen, währenddem der Anstieg der Zuwanderung aus ....

  .... moderat blieb.

- Die Grafik kann den Eindruck hinterlassen, dass seit der Personenfreizügigkeit der Anteil der

  deutschen Arbeitskräfte ....

- Das Diagramm gibt keine Auskunft über die .... dieser Entwick-

  lung. Auch weiss man nicht, wie viele der zugewanderten Personen sich in der Schweiz

  .... haben bzw. wie viele wieder .... sind.

Bilder

Schon in früheren Kulturen waren Bilder und Zeichnungen wichtige Transportmittel von Botschaften. Denken wir nur an die Höhlenzeichnungen aus der Steinzeit, an die Wandbilder in den Grabstätten der ägyptischen Hochkultur oder an die Bildergeschichten in Kirchen. Bilder wirken im Gegensatz zum Text direkter und einprägsamer. Daher wird das Bild auch gerne in der politischen Propaganda und in der Werbung verwendet; nicht umsonst spricht man von der «Macht der Bilder».

Bildmanipulationen

Bilder sind, wie Statistiken, nie objektiv. Ein Medienpädagoge hat dies mit folgendem Ausspruch auf den Punkt gebracht: «Nichts ist so subjektiv wie das Objektiv der Kamera.» In Anlehnung an das Volksmundzitat zu den Statistiken könnte man auch sagen: «Traue keinem Bild, das du nicht selber manipuliert hast.»

Im Zeitalter der digitalen Bildbearbeitungsprogramme sind Fotos auch für Laien einfach zu manipulieren. Gefälscht werden kann mit verschiedenen Techniken, zum Beispiel mit Fotomontage, Farbmanipulation oder der Wahl eines bestimmten Bildausschnitts. So kann etwa bei einer Demonstration mit 10 000 Personen eine kleine Minderheit von rund 100 Demonstranten in eine Auseinandersetzung mit der Polizei verwickelt sein. Werden davon Bilder veröffentlicht, entsteht der Eindruck einer gewalttätigen Veranstaltung.

Ein bekanntes Beispiel einer Bildmanipulation ist die Farbveränderung einer Aufnahme beim tragischen Attentat von Luxor (Ägypten) im November 1997, bei dem 68 Menschen ums Leben kamen, darunter 36 Touristen aus der Schweiz. In der Tageszeitung «Blick» wurde ein Bild veröffentlicht, bei dem Wasser rot eingefärbt wurde. Das Wasser wirkte dadurch wie eine riesige Blutlache.

Bildmanipulation durch Farbveränderung

Veröffentlichtes Bild mit eingefärbtem Wasser   Originalaufnahme mit Wasserlache

Bildmanipulation durch Bildausschnitt

Bei diesem Bildausschnitt liegt der Fokus auf dem Tigerkopf; das Tier wirkt dominant, stark, auch bedrohlich. An den Bildrändern sind ein Fuss, ein Arm und eine Hand erkennbar. Das Bild lässt sich nicht genau einordnen.

Hier erkennt man, dass es sich um einen Tiger in Gefangenschaft handeln muss. Der Knabe und das Mädchen berühren das Tier ohne Angst. Zudem sieht man am rechten Bildrand eine Person mit einem Holzstab in der Hand, offenbar ein Wärter. Das Raubtier wirkt auf dieser Aufnahme wie eine grosse, zahme Hauskatze.

Hintergrund: Die Aufnahme entstand im Tiger Kingdom in Chiang Mai, Nordthailand, April 2012. Das Tiger Kingdom ist eine Touristenattraktion. Die Tiger werden von klein auf handzahm gemacht und in sehr kleinen Käfigen gehalten. Die Tiere wirken apathisch. Wahrscheinlich werden sie mit Medikamenten ruhiggestellt, damit die Touristen sie ohne Gefahr berühren können.

Weitere Beispiele für Manipulationen finden sich unter www.rhetorik.ch → Bildmanipulationen sowie unter www.20min.ch → Wissen → Artikel «Ein Bild lügt mehr als tausend Worte».

Bildanalyse

Auch die Bildanalyse kann mithilfe eines Analyse-Instruments vorgenommen werden.

Analyse-Instrument für Bilder

KONTEXT
- Wer hat das Bild gemacht (Quelle)?
- Wann ist das Bild publiziert worden?
- Wo ist das Bild erschienen?

INHALT
- Was wird dargestellt?
- Was ist das zentrale Thema?
- Wie lautet der Bildtitel?
- Was steht in der Bildlegende?

FORM
- Um welche Art von Abbildung handelt es sich (Format, Farben)?
- Aus welcher Perspektive ist das Bild gemacht worden?
- Wie wurde das Bild bearbeitet?

WIRKUNG
- Welche Wirkung hat das Bild?
- Welche Kernaussagen (Erkenntnisse) lassen sich formulieren?
- Wie kann das Bild den Betrachter/die Betrachterin beeinflussen?

1. Beschreiben Sie die drei Bilder möglichst genau. Beachten Sie dabei die Hinweise zur Sprache und die Formulierungshilfen.
2. Verfassen Sie nach der Bildbeschreibung einen kurzen Text zur Wirkung der Bilder.
3. Recherchieren Sie anschliessend im Internet die Hintergründe. Geben Sie den Suchbegriff
   «Kathrine Switzer» ein. Vergleichen und ergänzen Sie Ihre Bildbeschreibungen.

ÜBUNG 4

Hinweise zur Sprache	Formulierungshilfen
• Zeitform: Präsens • genaue Wortwahl • kurze, einfache Sätze • neutrale Perspektive (keine Ich-Form)	• Auf dem Bild sieht man … / ist erkennbar … • Im Vordergrund … / im Hintergrund … • In der Bildmitte … / in der rechten / linken Bildhälfte … • Am rechten / linken / oberen / unteren Bildrand … • vorne links … hinten rechts …

Bildanalyse: Kathrine Switzer, die Frau am Boston Marathon, 19. April 1967

Bildbeschreibung:

Bildbeschreibung:

Bildbeschreibung:

Wirkung:

....

....

....

....

....

....

....

....

....

....

....

ÜBUNG 5

1. Suchen Sie in einer Zeitung oder Zeitschrift ein interessantes Bild aus der Werbung.
2. Gestalten Sie ein Plakat. Kleben Sie in die Mitte das ausgewählte Bild. Gruppieren Sie um das Bild im Uhrzeigersinn die vier Analysethemen Inhalt / Wirkung / Form / Kontext.
3. Notieren Sie stichwortartig zu jedem Thema die wichtigsten Analyseresultate.
4. Präsentieren Sie das Plakat im Plenum.

1.5 Texte schreiben

Einleitung

Schreiben bedeutet, Gedanken in schriftlicher Form festzuhalten. Schreiben ist aber mehr als Formulieren. Schreiben heisst auch kommunizieren, verstehen und erkennen.

Schreiben hat bestimmte Formen und gehorcht bestimmten Regeln. Als Grundsatz für das Verfassen von Sachtexten gilt:

Ich schreibe so, dass es genau so verstanden wird, wie ich es meine.

Schreiben Sie nicht so, wie Sie reden

Oft hört oder liest man: «Schreiben Sie so, wie Sie reden!» Der Tipp müsste jedoch lauten: «Schreiben Sie nicht so, wie Sie reden!» Es ist nämlich ein Unterschied, ob man etwas mündlich erzählt oder einen Text schreibt. Hinzu kommt, dass die Mundart in die Standardsprache umgeformt werden muss. Wichtige Unterschiede sind:

Mundart (Schweizerdeutsch)	Standardsprache (Hochdeutsch)
Helvetismen **Car, Abwart, Lift,** **parkieren, schmecken, herzig …**	Standardsprachliche Wörter **Bus, Hausmeister, Aufzug,** **parken, riechen, süss …**
Relativpronomen **wo** Das Boot, **wo** wir gekauft haben … (S'Boot, **wo** mer hei kauft …)	Relativpronomen **der, die, das** Das Boot, **das** wir gekauft haben …
Eine Vergangenheitsform Wir sind abgereist. **(Mir si abgreist.)**	Verschiedene Vergangenheitsform **Wir sind abgereist.** **Wir reisten ab.** **Wir waren abgereist.**
Dativformen am letzten Tag **vom** Jahr oberhalb **vom** Haus innerhalb **von einer** Woche	Genitivformen am letzten Tag **des** Jahres oberhalb **des** Hauses innerhalb **einer** Woche

In diesem Kapitel wird auf das Verfassen folgender Textsorten näher eingegangen:

*   Bericht: Zeitungsbericht und Tätigkeitsbericht
*   Zusammenfassung, Inhaltsangabe (Vergleich)
*   Protokoll
*   Interview
*   Umfrage
*   Porträt
*   Erörterung
*   Leserbrief
*   Erzählung

Die Facharbeit wird in einem separaten Kapitel behandelt (siehe Seiten 84 – 91).

Der Bericht

Der Bericht ist eine häufig vorkommende Textform. Ein Bericht gibt Auskunft über ein Ereignis, eine Handlung oder einen Arbeitsvorgang. Der Inhalt wird sachlich aus einer neutralen Perspektive dargestellt. (Ein Erlebnisbericht, etwa ein Reisebericht, kann jedoch auch subjektive und emotionale Elemente enthalten.) Im Gegensatz zur reinen Nachricht informiert der Bericht ausführlicher und detaillierter über ein Geschehen. Von den eher kurzen Zeitungsberichten ist der Bericht über eine bestimmte Tätigkeit zu unterscheiden. Im Folgenden werden beide Formen vorgestellt.

Der Zeitungsbericht

Pyramidenaufbau

Der Zeitungsbericht wird so aufgebaut, dass die einzelnen Teile vom Schluss her weggeschnitten werden könnten, ohne dass der Text dadurch zerstört wird. Das Wichtigste steht am Anfang, die Details am Schluss. In der journalistischen Fachsprache nennt man diese Gliederung «Pyramidenaufbau». Die Bestandteile sind Titel, Lead, Hauptteil und Schluss.

Orientierungsbeispiel

Helfende Delfine

An der brasilianischen Küste gibt es jeden Herbst ein seltsames Schauspiel: Die Fischer von Laguna bekommen Hilfe von Delfinen.

Wie Hirtenhunde treiben die Tümmler Fischschwärme vor sich her und geben schliesslich den Menschen mit ihrem Kopf ein Zeichen, dass der Zeitpunkt gekommen ist, die Netze auszuwerfen. **//** Das klingt nach einem Märchen, aber britische Meeresbiologen haben das Phänomen untersucht und beschreiben es in der Zeitschrift «Biology Letters». **//** Die Biologen schreiben, dass die Delfine schon seit Generationen mit den Menschen zusammenarbeiten und das Verhalten einander abschauen. **//** Etwa ein Drittel aller Tiere in der Lagune würde den Fischern helfen. **//** Welche Vorteile sie selber dabei haben, ist für die Forscher noch unklar.

Aus: NZZ am Sonntag, 2.5.2012

Titel
(Headline, Schlagzeile)
weckt Interesse,
macht neugierig

Lead
fasst das Wichtigste
zusammen

Hauptteil
In diesem Teil erfährt man
die Details. Dabei kann der Text
bei jeder Markierung (**//**) von hinten
beginnend gekürzt werden. Der Bericht
verliert dadurch zwar an Informationsgehalt,
wird aber nicht zerstört.
Bei einem Ereignis mit chronologischem
Ablauf (z. B. Unfall) wird die zeitliche Abfolge
eingehalten.

Schluss
Offene Frage nach den Motiven der Delfine

Inhalt, W-Fragen

Das Ereignis muss sachlich, objektiv und wahrheitsgetreu wiedergegeben werden. Dabei werden folgende W-Fragen beantwortet:

Was ist passiert?	Hauptgeschehen, in chronologischer Abfolge
Wer war beteiligt?	Hauptbeteiligte
Wo ist es geschehen?	Ort des Geschehens
Wann ist es passiert?	Zeitpunkt, Dauer
Wie ist es geschehen?	Hintergründe
Warum ist es passiert?	Ursachen, Motive

Orientierungsbeispiel

Kandersteg **Basejumper tödlich verunfallt**	**Titel** Was ist passiert? → Hauptgeschehen
Ein Basejumper ist am Samstagvormittag im Gasterntal (Gemeinde Kandersteg) verunfallt. Der 31-jährige Mann konnte nur noch tot geborgen werden.	**Lead** Was ist passiert? → tödlicher Unfall Wo ist es passiert? → Berner Oberland Wer ist verunfallt → Basejumper
Der Basejumper hatte sich am Samstag, 7. Juli 2012, im Gasterntal bei Kandersteg gemeinsam mit zwei Kollegen zu einer Absprungstelle am Unteren Tatelishorn begeben. Dort trafen sie auf eine Gruppe weiterer Basejumper, welche anschliessend nacheinander die Felsen runtersprangen. Als sich der 31-Jährige um etwa 10.40 Uhr in die Tiefe stürzte, kam es zum Unfall. Gemäss aktuellen Erkenntnissen geriet der Basejumper in seinem Wingsuit zu nahe an die Felswand. In der Folge prallte er gegen einen Felsvorsprung, stürzte über die Felskante und fiel auf einen weiteren Vorsprung.	**Hauptteil** Wann ist es passiert? → Samstag, 7. Juli 2012 Wo genau? → Gasterntal, bei Kandersteg Wie ist es passiert? → Ereignisse werden in chronologischer Reihenfolge beschrieben. Warum ist es passiert? → zu nahe an einer Felswand
Umgehend alarmierten Zeugen die Rega. Diese konnte den verunfallten Mann nach einer kurzen Suchaktion nur noch tot bergen. Beim Opfer handelt es sich um einen neuseeländischen Staatsangehörigen.	Was geschah nach dem Unfall? → Alarm, Rega **Schluss** Wer ist verunglückt? → Mann aus Neuseeland
Kantonspolizei Bern, police.be.ch, 8.7.2012	

Subjektive und neutrale Perspektive

Über ein Ereignis kann man aus der subjektiven Perspektive (auch Innenperspektive oder Ich-Perspektive genannt) oder aus einer neutralen Perspektive (Aussenperspektive) berichten. Bei der Ich-Perspektive sind berichtende, erlebende und handelnde Person identisch. Bei der neutralen Aussenperspektive muss die berichtende Person nicht zwingend am Geschehen beteiligt sein. Es kann aber auch sein, dass sie Teil des Geschehens war, den Bericht aber so verfasst, als ob sie eine neutrale Beobachterin gewesen wäre. Dies ist beispielsweise der Fall bei einem Reisebericht.

Subjektive Perspektive (Innenperspektive)	Neutrale Perspektive (Aussenperspektive)
«Um sechs Uhr früh erwachte ich plötzlich und spürte sofort, dass etwas nicht stimmte. Ich hörte Stimmen von anderen Hotelgästen und es roch nach Rauch. Verdammt, sofort raus hier, dachte ich und überlegte noch kurz, was ich mitnehmen soll. Nichts! Einfach raus! – Ich hatte solche Angst […]»	Morgens um sechs Uhr erwachte die 25-jährige Frau und spürte sofort, dass etwas nicht stimmte. Sie hörte Stimmen von anderen Hotelgästen und roch Rauch. Der jungen Frau war klar, dass sie das Zimmer so rasch wie möglich verlassen musste. Es sei ihr keine Zeit geblieben, noch etwas mitzunehmen, berichtete sie. […]
Bericht der betroffenen 25-jährigen Frau	*Zeitungsmeldung*
Merkmale: • Das Geschehen wird aus dem Blickwinkel der direkt betroffenen Person erzählt. • Berichtende und direkt betroffene Person sind identisch. • Ich- oder Wir-Formen. • Das Geschehen wird oft emotional und dramatisch dargestellt. • Die Situation wird persönlich gewertet («Ich hatte Angst…»).	Merkmale: • Über das Geschehen wird aus einer neutralen Aussenperspektive berichtet. • Berichtende und direkt betroffene Person sind meist nicht identisch. • Er- oder Sie-Formen. • Das Erlebte wird zum Teil in der indirekten Rede wiedergegeben (im Beispiel oben der letzte Satz). • Die Situation wird möglichst sachlich und ohne persönliche Wertung geschildert.

Ereignis
Die berichtende Person
steht innerhalb.
Ich-/Wir-Formen

Ereignis

Die berichtende Person steht ausserhalb
und berichtet aus der neutralen Perspektive.
Sie-/Er-Formen

Sprache/Stil

- Präzise Wortwahl
- Genaue Angaben (Daten, Fakten)
- Kurze Sätze, einfache Satzstrukturen
- Aktivsätze, Verbalstil
- Direkte und indirekte Rede für Aussagen von Beteiligten
- Keine persönliche Stellungnahme und Wertung
- Berichtsstil: neutrale Perspektive (keine Ich- bzw. Wir-Formen)
- Zeitform: Vergangenheitsformen für Handlungen und Vorgänge

Praktische Tipps für das Verfassen von Zeitungsbeiträgen

Vor allem Lokal- und Regionalzeitungen erhalten regelmässig unverlangte Zuschriften über die unterschiedlichsten privaten und geschäftlichen Ereignisse. Sofern es sich nicht um reine Werbung handelt, sind die Redaktionen in der Regel gerne bereit, die Artikel zu veröffentlichen. Um den redaktionellen Aufwand für die Bearbeitung in Grenzen zu halten, geben die Redaktionen Tipps für die Verfasserinnen und Verfasser heraus. Hier eine Auswahl:

- Verzichten Sie auf Ich- und Wir-Formen.
- Schlüpfen Sie in die Rolle des Beobachters bzw. der Beobachterin.
- Wählen Sie eine leicht verständliche und lebendige Sprache.
- Vermeiden Sie Fremdwörter und Insider-Ausdrücke.
- Schreiben Sie Aktivsätze; vermeiden Sie Passivsätze.
- Vermeiden Sie lange, verschachtelte Sätze; ein Satz mit 25 Wörtern sollte die Ausnahme bleiben.
- Verzichten Sie auf Anreden wie «Herr» oder «Frau». Benennen Sie Personen mit Vor- und Nachnamen (in dieser Reihenfolge).
- Verzichten Sie auf Abkürzungen. Schreiben Sie 60 Prozent (statt 60 %) und 90 Franken (statt Fr. 90.–).
- Kommt ein längerer Begriff wie «Zivilgesetzbuch» mehrmals vor, schreiben Sie ihn das erste Mal aus und setzen Sie die Abkürzung in Klammern, also «Zivilgesetzbuch (ZGB)». Danach verwenden Sie nur noch die Abkürzung.
- Grundsatz zu den Bildern: Zu jedem Bild gehört eine Bildlegende. In der Legende steht kurz und knapp, was auf dem Bild zu sehen ist. Benennen Sie Personen von links nach rechts. Grössere Gruppen wie Fussballteams, Belegschaft und Wandergruppen bezeichnen Sie als solche.

 TIPPS

1. Ein Sportverein hat der Regionalzeitung einen Bericht über seinen zweitägigen Jahresausflug zugestellt. Einzelne Textabschnitte sind im subjektiven Erzählstil verfasst. Formen Sie die Sätze gemäss dem Beispiel in den neutralen Berichtsstil um. Sie können dabei auch Kürzungen vornehmen.
2. Vergleichen Sie Ihre Lösungen mit einem Partner/einer Partnerin.

ÜBUNG 1

Original im subjektiven Berichtsstil:	Umformung in den neutralen Berichtsstil:
Morgens um sieben versammelten wir uns auf dem neu gestalteten Dorfplatz; alle verhüllt in Regenjacken – es goss in Strömen!	**Die Mitglieder des Sportvereins versammelten sich morgens um sieben bei heftigem Regen auf dem Dorfplatz.**
Doch wir liessen uns die gute Laune nicht verderben und machten es uns im Bus bequem. Los ging's! Eine gemütliche Fahrt nach Luzern, dann über den Brünigpass nach Meiringen, wo wir eine kurze Pause einlegten.	
In Fiesch angekommen, bestiegen wir sofort die Luftseilbahn zur Fiescheralp; das Wetter war nun bedeutend besser und Jung und Alt genoss die herrliche Aussicht.	

Nach einer vierstündigen Wanderung über das Bettmerhorn trafen wir müde, aber glücklich bei unserem Hotel auf der Bettmeralp ein.	....
Am nächsten Tag – für einige war die Nacht kurz … – war geplant, mit der Luftseilbahn aufs Eggishorn zu fahren. Dort hätten wir eine Superaussicht auf den Aletschgletscher gehabt. Doch der Berg war in Nebel gehüllt. Schade!	....
Doch wir liessen uns nicht entmutigen und beschlossen nach einer kurzen Diskussion ein Alternativprogramm: Mit grosser Mehrheit wurde beschlossen, via Riederalp durch den Aletschwald und entlang dem Aletschgletscher zu wandern.	....

ÜBUNG 2

1. Bei diesem Bericht ist die Reihenfolge durcheinandergeraten. Bauen Sie den Text korrekt auf, indem Sie die Buchstaben den entsprechenden Zahlen zuordnen.
2. Bezeichnen Sie Titel und Lead.

		Korrekte Reihenfolge
A	Bildlegende: Das Auto der Chinesen bei der Bergstation auf dem Stoos.	
B	Die deutsche Autovermietung wird wohl nächstens eine Verzeigung und Busse der Kantonspolizei erhalten.	1 = ...
C	Irrfahrt endet auf dem autofreien Stoos	2 = ...
D	Eigentlich ist der Stoos autofrei. Trotzdem haben zwei chinesische Touristen das in Deutschland gemietete Auto bei der Bergstation der Standseilbahn Stoos parkiert.	3 = ...
		4 = ...
E	Alle Fahrzeuge, welche die Fahrverbote missachten, werden mit Videokameras aufgenommen.	5 = ...
F	Zwei chinesische Touristen haben am Montag auf der Bergstation Stoos ihr Auto parkiert. Auch mehrere Fahrverbotsschilder konnten die beiden nicht aufhalten.	6 = ...
		7 = ...
G	Offensichtlich folgten sie blind den Anweisungen eines Navigationsgerätes, das sie via Stoos- und Ringstrasse zur Bergstation der Stoosbahnen führte.	

Aus: Neue Luzerner Zeitung Online, 2.10.2012

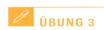

1. Beim Schreiben dieser Zeitungsmeldung hat der Verfasser gegen ein paar Regeln der sachlichen Berichterstattung verstossen. Unterstreichen Sie die unpassenden Stellen und benennen Sie die Fehler.
2. Formulieren Sie die Textstellen so um, dass die Meldung als Bericht veröffentlicht werden kann.

Achtung: bissiger Hütehund!

Gestern Dienstag spielte sich in der Innenstadt von Schaffhausen folgende Szene ab: Ein Mann spaziert mit seinem Hund ganz gemütlich durch die Stadthausgasse, als er plötzlich von einem Hund angegriffen und verletzt wird. Wie konnte dieser tragische Zwischenfall passieren?

Um zirka 14 Uhr spazierte der Mann, ein 39-jähriger unverheirateter Schweizer, vom Restaurant Kronenhof her kommend mit seinem Hund die Stadthausgasse hinunter. Dort kam ihm eine junge Frau aus Deutschland mit einem Border Collie entgegen. Diese hatte ihren Hund überhaupt nicht im Griff; er stürzte sich plötzlich wie wild auf den wehrlosen Hund des Schweizer Hundehalters. Als dieser seinen kleinen Pudel beschützen wollte, wurde auch er vom diesem aggressiven schottischen Hütehund attackiert und mehrfach ins Bein gebissen. Die deutsche Frau stand hilflos daneben und beobachtete den Kampf. Der Mann musste mit der Ambulanz ins Spital gebracht werden. Wie es ihm heute geht, wissen wir noch nicht.
Die deutsche Hundehalterin des Border Collie wurde aufgrund von Widerhandlungen gegen das kantonale Hundehaltergesetz durch die Schaffhauser Polizei verzeigt. Ich hoffe, dass sie eine saftige Busse erhält und zum Besuch eines Hundekurses verpflichtet wird!

Verfasst von Beat Berichterstatter

Fehleranalyse, Verbesserungen

....
....
....
....
....
....
....
....
....
....
....
....
....
....
....
....
....
....
....
....
....
....
....
....

ÜBUNG 4 Stellen Sie sich folgende Situation vor: Sie arbeiten bei der Stadtpolizei Winterthur und müssen über einen Raubüberfall eine Zeitungsmeldung verfassen. Die stichwortartigen Angaben liegen vor (siehe unten).

1. Verfassen Sie den Bericht im Pyramidenaufbau: Titel, Lead, Hauptteil, Schluss.
2. Vergleichen Sie Ihren Text mit dem einer Partnerin / eines Partners.

Stichwortartige Angaben:	Ausformulierter Bericht:
– **Titel**	
– **Mann überfällt Erotikladen**	
– **erbeutet rund tausend Schweizer Franken**	
– **gestern Freitagabend**	
– **im Zentrum von Winterthur**	
– kurz nach 17 Uhr	
– der junge Mann betritt Erotikgeschäft an der Obergasse	
– wartet, bis er allein ist, geht zur Verkäuferin und verlangt alles Bargeld	
– Verkäuferin weigert sich, Täter zückt Taschenmesser und bedroht sie	
– Flucht mit einer Beute von rund tausend Schweizer Franken; zu Fuss, Richtung unbekannt	
– Signalement: zwischen 20 und 25, ca. 180 cm gross, schlank	
– hellhäutig; halblange, schwarze Haare	
– spricht Schweizerdeutsch	
– trug beim Überfall schwarze Trainerhosen, verwaschenes gelbes T-Shirt, weisse Baseballmütze	
– Angaben zum Überfall oder Täter:	
– Personen sollen sich melden	
– Kantonspolizei Zürich, Tel. 044 241 22 11	

Der Tätigkeitsbericht (Arbeitsbericht)

In einem Tätigkeitsbericht oder Arbeitsbericht wird über einen bestimmten Auftrag, ein Projekt, eine Arbeit und Ähnliches berichtet. Im Gegensatz zum Zeitungsbericht fällt ein Arbeitsbericht ausführlicher aus und beinhaltet auch persönliche Meinungen und Stellungnahmen in der Ich- oder Wir-Form.

Inhaltlich beantwortet der Tätigkeitsbericht ebenfalls die W-Fragen; auch die sprachliche Gestaltung orientiert sich an den Formen des Zeitungsberichts (siehe Seite 44 ff.).

Aufbau / Gliederung

Titel **Untertitel**	Mögliche Titel: Arbeitsbericht, Tätigkeitsbericht, Jahresbericht Untertitel: Thema, Arbeit, Projekt
Ausgangslage	Wie kam es zum Projekt? Was war die Motivation, der Ausgangspunkt, der Anlass? Wie lautete der Auftrag?
Rahmenbedingungen	Personen, Zeit, Ort, Finanzen, Infrastruktur, Arbeitsweise …
Ziele	Die gesetzten Ziele werden einzeln aufgezählt.
Arbeitsschritte	Das ist der Hauptteil des Berichts. Die einzelnen Arbeitsschritte werden in chronologischer Reihenfolge geschildert, möglichst genau, jedoch nur das Wichtigste. Objektiv, sachlich, ohne Wertungen. Orientierung an den W-Fragen (Was? Wer? Wo? Wann? Wie? Warum?). Bei längeren Texten sind Zwischentitel nötig.
Fazit	Das Fazit kann enthalten: eine kurze Zusammenfassung, eine Stellungnahme zur Zielerreichung, wichtige Erkenntnisse, Ausblick in die Zukunft, persönliche Wertung. Wichtig ist ein einprägsamer, guter Schlusssatz. Im Fazit kann auf Ich- bzw. Wir-Formen gewechselt werden.
Beilagen	Allfällige Beilagen zum Bericht werden wie in einem Geschäftsbrief untereinander einzeln aufgezählt.
Quellenangaben	Ort, Datum Vornamen, Nachnamen der Autorinnen und Autoren

Im Anhang, Seite 146, finden Sie ein Orientierungsbeispiel für einen Tätigkeitsbericht.

→| **ANHANG**

Zusammenfassung und Inhaltsangabe

Diese beiden Textsorten haben viele Ähnlichkeiten und werden daher oft verwechselt. Am besten lassen sich die Gemeinsamkeiten und die Unterschiede mit einem Vergleich aufzeigen.

	Zusammenfassung	**Inhaltsangabe**
Inhalt	Die wichtigsten Gedanken, Kernaussagen, Ideen werden zusammengefasst. Die Zusammenfassung kann auch aus einzelnen losen Sätzen bestehen. Der Text enthält keine Wertung und persönliche Stellungnahme. Wichtig: Auch wer das Original nicht kennt, muss den Inhalt verstehen können.	In einer Inhaltsangabe wird das Wichtigste zu einem Buch, einem Film, einem Theaterstück u. a. zusammengefasst. **Im Gegensatz zur Zusammenfassung enthält die Inhaltsangabe auch Informationen zum Kontext (Autor / Autorin, Umfang, Gattung, Entstehung). Und am Schluss können Aussagen über das Werk stehen.** Wichtig auch hier: Wer das Original nicht kennt, muss den Inhalt verstehen.
Gliederung Aufbau	**Titel** **Zusammenfassung:** Das Wesentliche wird ohne Wertung in ein paar wenigen kurzen Sätzen zusammengefasst. Dient der Text nur für den eigenen Gebrauch (z. B. Prüfungsvorbereitung), kann auch mit Stichworten und Visualisierungen gearbeitet werden.	**Titel** **Einleitung:** Angaben zum Werk (Autor / Autorin, Gattung, Entstehungsjahr …) **Hauptteil:** Das Wichtigste zum Inhalt (Ort, Zeit, Personen, Handlung) **Schluss:** Aussagen zum Gesamteindruck, zur Wirkung, zum Besonderen des Werks oder eine persönliche Stellungnahme
Sprache / Stil	Kurze, einfache Sätze, evtl. auch Stichworte Zeitform: Präsens Berichtsstil: neutrale Perspektive (keine Ich- bzw. Wir-Formen) Keine direkte Rede Eigene Formulierungen	Es gelten dieselben Anforderungen wie bei der Zusammenfassung, mit zwei Unterschieden: **Bei einer persönlichen Stellungnahme wechselt man in den subjektiven Schreibstil (Ich- bzw. Wir-Formen).**
Orientierungs-beispiele	**Bildmanipulationen** (vgl. Originaltext Seite 39) Bildern sollte man nicht trauen, denn sie lassen sich vielfältig manipulieren. So können sie durch Fotomontage, Farbmanipulation und durch die Wahl des Bildausschnitts verändert werden. Ein bekanntes Beispiel ist das manipulierte Bild eines Terroranschlags von 1997 in Luxor, Ägypten. Bildmanipulationen sind heute im Zeitalter der digitalen Bildbearbeitungsprogramme auch für Laien problemlos möglich.	**Fliegen, bis es schneit** *Roman von Andreas Neeser, erschienen 2012 im Haymon Verlag, 206 Seiten* Isabelle Meisters Leben verläuft in geordneten Bahnen. Ihre Ehe mit Simon ist solide, ihr Job abwechslungsreich, und auch der Traum vom eigenen Haus mit Garten und Kinderschaukel scheint bald Wirklichkeit zu werden. Da begegnet ihr am Bahnsteig ein smarter Musiker mit graumelierten Schläfen, dessen leidenschaftliche Avancen sie zunächst faszinieren. Der Flötist aber entpuppt sich als obsessiver Erotomane, der die lebensfrohe Isabelle verfolgt und bedroht. Verunsichert geht sie dennoch weiter ihren Weg auf dem schmalen Grat zwischen Angst und Zuversicht. Am Schluss bleibt ihr nur noch die Flucht. *Der Schweizer Autor Andreas Neeser, geboren 1964, erzählt eine packende Geschichte, die exemplarisch die Fallhöhe des Glücks vorführt. Einmal mehr beweist er sein Gespür für eine subtile Dramaturgie der Innerlichkeit.* Klappentext zum Roman, leicht gekürzt

1. Fassen Sie diese Fabel von Lessing in maximal 60 Wörtern (ohne Titel) zusammen.
2. Vergleichen Sie Ihre Zusammenfassung mit einem Partner/einer Partnerin.

ÜBUNG 5

Originaltext:	Zusammenfassung:
Der junge und der alte Hirsch Ein Hirsch, den die gütige Natur Jahrhunderte hat leben lassen, sagte einst zu einem seiner Enkel: «Ich kann mich der Zeit noch sehr wohl erinnern, da der Mensch das donnernde Feuerrohr noch nicht erfunden hatte.» «Welche glückliche Zeit muss das für unser Geschlecht gewesen sein!», seufzte der Enkel. «Du schliessest zu geschwind!», sagte der alte Hirsch. «Die Zeit war anders, aber nicht besser. Der Mensch hatte da, anstatt des Feuerrohrs, Pfeile und Bogen, und wir waren ebenso schlimm daran als jetzt.» Fabel von Gotthold Ephraim Lessing (1729–1781)	

1. Fassen Sie die Kernaussagen des Zeitungsberichts «Dramatischer Anstieg der Krebserkrankungen befürchtet» (siehe Seite 24) in fünf kurzen Sätzen zusammen.
2. Vergleichen Sie Ihre Lösung mit einem Partner/einer Partnerin. Wo gibt es Übereinstimmungen? Wo Abweichungen?

ÜBUNG 6

«Dramatischer Anstieg der Krebserkrankungen befürchtet» (Zusammenfassung)

1. Wählen Sie einen bekannten Film oder ein bekanntes Musical aus.
2. Recherchieren Sie zum gewählten Werk im Internet.
3. Verfassen Sie eine Inhaltsangabe im Umfang von 20 bis maximal 30 Sätzen.
4. Tauschen Sie die Texte untereinander aus und geben Sie ein Feedback zu Inhalt, Aufbau, Sprache/Stil. Als Grundlage dienen die Ausführungen auf der Seite 52.

 ÜBUNG 7

Das Protokoll

Was ist ein Protokoll?

Das Protokoll ist eine Niederschrift über Inhalte, Verlauf und Ergebnisse von Sitzungen, Besprechungen, Verhandlungen, Tagungen, Konferenzen usw., die sich auf die wesentlichen Punkte beschränkt. Es dient als Informationsquelle und ist vor allem im beruflichen Leben ein wichtiges Arbeitsinstrument.

Das Protokoll wird in der Regel vom Protokollführer bzw. von der Protokollführerin unterschrieben und an der folgenden Sitzung genehmigt. Damit hat das Schriftstück den Charakter eines öffentlichen Dokuments.

Die protokollführende Person (auch Schriftführer/in genannt) muss das Gespräch wahrheitsgetreu und sachlich wiedergeben; persönliche Stellungnahmen der protokollierenden Person gehören nicht ins Schriftstück. Bei konfliktgeladenen Gesprächen empfiehlt es sich, das Protokoll durch eine unbeteiligte Person verfassen zu lassen.

Formen

Das Ergebnisprotokoll oder Beschlussprotokoll	Diese Form beschränkt sich auf Ergebnisse und Beschlüsse, nennt Abstimmungs- und Wahlergebnisse und hält beschlossene Arbeitsaufträge fest. Anwendungen: kurze Sitzungen und Gespräche
Das Verlaufsprotokoll	Das Verlaufsprotokoll gibt die einzelnen Wortmeldungen in chronologischer Reihenfolge detailliert (aber nicht wörtlich) wieder. Zudem hält es Arbeitsaufträge fest. Wie im Ergebnisprotokoll werden Beschlüsse festgehalten. Anwendung: Sitzungen in Firmen, Amtsstellen, Vereinen u. a.
Das Wort-für-Wort-Protokoll	Bei dieser Form wird das Gesagte von allen Beteiligten wortwörtlich festgehalten. Oft wird das Gespräch aufgezeichnet. Das wörtliche Protokoll hat einen besonderen Beweischarakter. Anwendung: öffentliche Sitzungen wie z. B. Nationalrat oder Kantonsrat, polizeiliche Untersuchungen, Gerichtsverhandlungen

Aufbau / Struktur

Für wiederkehrende Sitzungen empfiehlt sich eine einheitliche Struktur in Form eines Rasters. Dieses besteht aus zwei Teilen: dem Vorspann und dem Hauptteil mit den Ausführungen zu den einzelnen Traktanden.

ANHANG   Auf der Seite 147 des Anhangs finden Sie als Orientierungsbeispiel ein Protokoll in gekürzter Fassung.

ÜBUNG 8

1. Bekanntlich lernt man am besten durch Übung. Melden Sie sich daher bei der nächsten Sitzung als Protokollführerin bzw. als Protokollführer.
2. Klären Sie vor der Sitzung die Form ab (Ergebnis- oder Verlaufsprotokoll).
3. Protokollieren Sie das Gespräch nach Ihrer Methode (ganze Sätze, Stichwörter, Mindmap u. a.)
4. Fragen Sie sofort nach, wenn Sie etwas nicht ganz verstanden haben.
5. Schreiben Sie unmittelbar nach der Sitzung eine erste provisorische Fassung. Verwenden Sie für die Struktur die Vorlage auf Seite 147.
6. Geben Sie Ihren Entwurf dem Sitzungsleiter/der Sitzungsleiterin zur Kontrolle.
7. Überarbeiten Sie das Protokoll und lassen Sie diese Fassung nochmals kontrollieren.
8. Erstellen Sie nun die Endfassung. Beachten Sie dafür die unten stehenden Hinweise zu Sprache und Stil und benutzen Sie Formulierungen aus dem Kasten.

Sprache / Stil eines Protokolls

- Korrekte Angaben (Namen, Daten, Fakten)
- Indirekte Rede für Aussagen von Beteiligten
- Direkte Rede nur, wenn dies verlangt wird.
- Berichtsstil: neutrale Perspektive (keine Ich- bzw. Wir-Formen)
- Kurze Sätze, einfache Satzstrukturen
- Zeitformen: Präsens; aber Vergangenheitsformen für zurückliegende Ereignisse

Häufig vorkommende Formulierungen in Protokollen:
- (Name) eröffnet die Sitzung … / begrüsst … / heisst willkommen …
- Das Protokoll wird genehmigt … / verdankt … / wie folgt abgeändert …
- (Name) informiert darüber … / gibt bekannt … / erwähnt … / erläutert …
- (Name) sagt … / meint … / erklärt … / erwähnt … / berichtet … / stellt dar …
- (Name) weist darauf hin … / betont … / betont nochmals … / macht deutlich, dass …
- (Name) vertritt die Meinung / die Ansicht / die Auffassung / den Standpunkt …
- (Name) unterstützt … / stimmt zu … / ist auch der Meinung … / kann sich der Meinung anschliessen …
- (Name) bestätigt … / bekräftigt … / wiederholt … / ergänzt … / präzisiert …
- (Name) bezweifelt … / wendet ein … / kritisiert … / erwidert …
- (Name) ist dagegen … / lehnt ab … / erklärt sich nicht einverstanden …
- (Name) wünscht … / verlangt … / fordert … / beantragt … / stellt den Antrag …
- (Name) dankt … / erwähnt zum Schluss … / schliesst die Sitzung …

Das Interview

Interview

Das Interview ist ein Gespräch mit einer Person oder Personengruppe zu einem bestimmten Thema. Dabei können sich die Fragen ausschliesslich auf die Sache beziehen oder es kann auch nach Privatem gefragt werden. Bei den Lesenden kommen Interviews gut an, denn sie wirken direkt und lebendig wie ein Livegespräch. Die Herausforderung besteht darin, die richtigen Fragen zu stellen.

Befragung und Umfrage

Von den Interviews sind mündliche Befragungen und Umfragen zu unterscheiden. Bei einer Befragung geht es in erster Linie darum, Informationen zu beschaffen, beispielsweise für eine Facharbeit. Das Gespräch wird in diesem Fall nicht wörtlich, sondern in Form von Zusammenfassungen mit indirekter Rede und Zitaten wiedergegeben. Bei einer Umfrage wiederum wird ein Fragebogen an verschiedene Personen verschickt. Die Antworten werden ausgewertet, analysiert und kommentiert. Mehr dazu auf Seite 59 ff.

Formen

Unabhängig davon, ob es sich um ein Interview oder eine Befragung handelt, unterscheidet man folgende drei Formen:

Interview / Befragung zur Sache	Die Fragen zielen auf Fakten, Tatsachen, Hintergründe usw. Beispiel: Interview mit einem Geschäftsführer zum Thema «Wie entwickelt Ihre Firma neue Produkte?»
Interview / Befragung zur Meinung	Die Fragen zielen primär auf die Meinung einer Person oder Personengruppe. Beispiel: Interview mit einer Parteipräsidentin zum Thema «Stimm- und Wahlrecht ab 16?»
Interview / Befragung zur Person	Bei dieser Form geht es vor allem um Persönliches (Lebensform, Lebenseinstellung, Hobbys, Beruf …). Beispiel: Interview mit einer Schönheitskönigin zum Thema «So sieht mein neues Leben aus»

Frageformen

Einstiegsfrage

Die Einstiegsfrage ist für den Gesprächsverlauf entscheidend und sollte daher genau vorformuliert werden. Sie muss interessant sein und kann je nach Thema und Gesprächspartner auch witzig, überraschend oder provokativ gestellt werden.

Offene W-Fragen

Beim Zusammenstellen der Fragen sollte man darauf achten, möglichst viele offene W-Fragen zu formulieren. Beispiel: «Welches sind Ihre Aufgaben im Unternehmen?» Offene Fragen geben der befragten Person die Möglichkeit, sich ausgiebig zu einem Thema zu äussern. Fragewörter sind: was, wie, wo, wann, weshalb, wozu …

Geschlossene Fragen

Geschlossene Fragen – sie beginnen in der Regel mit einem Verb – sind Entscheidungsfragen (ja/nein) und sollten nur sehr gezielt eingesetzt werden. Beispiel: «Sind Sie für die Einführung von Schuluniformen?»

Suggestivfragen

«Sicher sind Sie auch der Meinung, dass …» – So beginnen Suggestivfragen. Mit dieser Frageform wird eine bestimmte Antwort erwartet; die befragte Person wird quasi zu einer bestimmten Antwort gedrängt. Suggestivfragen sind unechte Fragen und sollten nicht gestellt werden.

ÜBUNG 9

1. Suchen Sie in einer Zeitschrift oder einer Tageszeitung ein Interview.
2. Um welche Form handelt es sich? – Interview zur Sache, zur Meinung, zur Person; Mischformen?
3. Untersuchen Sie das Interview in Hinblick auf die Frageformen. Markieren Sie mit verschiedenen Farben offene Fragen / geschlossene Fragen / Suggestivfragen.
4. Schauen Sie sich auch die Einstiegsfrage genau an. Welche Form wurde gewählt?

ÜBUNG 10

1. Formulieren Sie je zwei kurze Einstiegsfragen (W-Fragen) in der verlangten Form.
2. Vergleichen und besprechen Sie Ihre Lösungen mit einem Partner/einer Partnerin.

Gesprächspartner Thema	Einstiegsfrage
Mister Schweiz «Was ist Schönheit?»	Zwei witzige Einstiegsfragen:
Rentnerin, 75-jährig «AHV. Reicht das Geld?»	Zwei persönliche Einstiegsfragen:

Politiker, 60-jährig «Jugendpolitik»	Zwei provokative Einstiegsfragen:
Schlagersängerin «Das neue Album»	Zwei überraschende Einstiegsfragen:
Wirt «Trinkfreudige Jugend»	Zwei provokative Einstiegsfragen:

Ein Interview durchführen und verarbeiten

ANHANG

Damit ein Interview erfolgreich durchgeführt werden kann, braucht es ein geplantes Vorgehen. Im Anhang, Seite 144, finden Sie eine Checkliste, an die Sie sich bei der Vorbereitung, Durchführung und Verarbeitung eines Interviews halten können.

ÜBUNG 11

1. Analysieren Sie folgendes Interview anhand der fünf Leitfragen auf der nächsten Seite.
2. Vergleichen und besprechen Sie Ihre Lösungen zu zweit oder in der Gruppe.

«Musik soll ein Hobby bleiben»

Nur mit Müh und Not war diese Woche mit Ex-Mash-Sänger Padi Bernhard ein Termin zu vereinbaren. Der Komponist von «Ewigi Liebi» hat alle Hände voll zu tun.

VON DANIELA BELLANDI

Padi Bernhard, wie gefällt Ihnen Mallorca?
Padi Bernhard: Mallorca ist eine wunderschöne Insel. Meine erste Begegnung mit ihr war jedoch alles andere als romantisch. Ich war vor 15 Jahren einmal dort. Per Zufall war unser Hotel mitten in der Ballermann-Zone. Der Lärm und die Dekadenz, die dort abgehen, entsprachen nicht unserem Geschmack.

Aber genau dort, im Ballermann, werden Sie wahrscheinlich schon bald omnipräsent sein?
(schmunzelt schelmisch) Worauf wollen Sie hinaus?

Da sind Sie ja sicher schon im Bild. Jürgen Drews, der Ballermann-König, hat aus Ihrem Hit «Ewigi Liebi» den Schlager «Ewige Liebe» gemacht.
Ja, ich kenne die Cover-Version von Onkel Jürgen. Ich war erstaunt, dass er den Song fast eins zu eins übernommen hat. (…) Ich glaube aber nicht, dass ich deswegen in Mallorca auftreten werde, aber sage niemals nie …

Drews hat den Wunsch geäussert, das Lied mit Ihnen zusammen im Duett aufzunehmen. Werden Sie dieses Angebot annehmen?
Vermutlich nicht. Es gibt schon genug Versionen dieses Stücks. Wenn er etwas komplett anderes daraus gemacht hätte, könnte ich mir das eher vorstellen.

Angenommen, es käme so weit, wenn ein Paar «Ewigi Liebi» singt. Das kann ich mir gut vorstellen, aber zwei Männer?

Tja, klingt ziemlich schwul … Aber funktionieren könnte es. Drews hatte ja grossen Erfolg, als er mit Stefan Raab «Ein Bett im Kornfeld» gesungen hat.

[…]

Zum Schluss noch ein paar Stichworte: Wie halten Sie es mit Ehrgeiz?

Er ist mein ständiger Begleiter. Ein gesundes Mass ist gut, zu viel darf es nicht sein. Das musste ich auch schon erfahren.

Mit Eifersucht?

Davon bin ich leider auch betroffen, wenn auch nicht krankhaft.

Mit Toleranz?

Ich glaube behaupten zu dürfen, dass ich ein sehr toleranter Mensch bin. Als Lehrer wäre ich sonst wahrscheinlich schon lange auf der Strecke geblieben.

Mit ewiger Liebe?

Was Ewigkeit bedeutet, weiss ich nicht. Aber mit Bea habe ich die Frau gefunden, die zu mir passt. Für den Rest des Lebens, hoffe ich.

Aus: Neue Luzerner Zeitung, 2.7.2010, gekürzt

Leitfragen zur Analyse

1. Wie werden Frage und Antwort unterschieden?

2. Weshalb steigt die Journalistin mit der Mallorca-Frage ins Gespräch ein? Wie wirkt die Frage?

3. Zwei Fragen haben die Form von Suggestivfragen. Welche?

4. Wie reagiert Padi Bernhard auf die Frage nach einem gemeinsamen Auftritt mit Drews?

5. Wie beurteilen Sie die Antworten auf die persönlichen Fragen am Schluss?

Die Umfrage

Eine Umfrage dient dazu, Informationen zu einem bestimmten Thema einzuholen. In den meisten Fällen werden die Informationen mit einem speziell erstellten Fragebogen eingeholt. Damit man aussagekräftige Resultate erhält, ist eine bestimmte Anzahl von Befragten nötig. Die ausgefüllten Fragebogen werden ausgewertet, analysiert und kommentiert.

Vorgehen

Phase	Inhalt	Hinweise
Vorbereitung	• Thema festlegen (Was?) • Ziel und Zweck der Umfrage definieren (Wozu?) • Zielpublikum definieren (Wer?): Alter, Geschlecht, Berufsgruppe … • Methode (Wie?): Form der Umfrage bestimmen (schriftliche Befragung mit Fragebogen, mündliche Befragung, Online-Befragung …) • Fragebogen erstellen • Den Ablauf festlegen (Checkliste, Zeitplan, Termine …) • Die Auswertung planen	• Thema nicht zu weit («Freizeit»), aber auch nicht zu eng formulieren («Das Freizeitverhalten von 17-Jährigen») • Anzahl befragte Personen: zwischen 50 und 100 Fragebogen erstellen: siehe unten
Durchführung	• Fragebogen verteilen bzw. verschicken • Kurzes Begleitschreiben beilegen • Termin für das Zurücksenden setzen; falls nötig, Erinnerungsschreiben verschicken (Brief, E-Mail, SMS …) • Ausgefüllte Fragebogen zentral sammeln; mit der Auswertung erst beginnen, wenn alle eingetroffen sind.	Die Rücklaufquote kann erhöht werden, wenn die Umfrage mit einem Anreiz verbunden ist (z. B. Wettbewerb).
Auswertung und Dokumentation	• Wichtig: Mit Teamarbeit kommt man am schnellsten voran. • Resultate genau auszählen und in eine Excel-Tabelle eingeben; pro Frage eine Tabelle anlegen. • Geeignete Diagrammtypen auswählen • Grafik beschriften: Titel, x-Achse, y-Achse, kurze Erläuterung (Legende) • Die Resultate analysieren und kommentieren; sachlich, neutral. Persönliche Wertungen erst am Schluss (Fazit)	Immer mindestens zu zweit arbeiten (bessere Kontrolle, weniger Fehler) Diagrammtypen: siehe Seite 142 Aufbau des Textes in Anlehnung an den Arbeitsbericht, siehe Seite 51

Fragebogen

Beim Erstellen eines Fragebogens gilt es Folgendes zu beachten:
• Die Fragen müssen so gestellt sein, dass sie eindeutige, klare Resultate liefern.
• Die Antwortstruktur muss so erstellt werden, dass die Auswertung einfach ist.
• Jede Frage bzw. Aussage darf jeweils nur einen Sachverhalt beinhalten. Also nicht: Wo, mit wem und wann trinkst du am liebsten Bier? – Sondern drei Fragen stellen: Wo trinkst du am liebsten Bier? / Mit wem …? / Wann …?
• Den Fragebogen übersichtlich gestalten, maximal zwei Seiten.
• Geschlossene Fragen stellen und Antwortmöglichkeiten angeben:
  Antwortmöglichkeiten: ☐ Ja   ☐ Nein / ☐ oft   ☐ selten   ☐ nie / ☐ 1 ☐ 2 ☐ 3 ☐ 4 ☐ 5

Ein Orientierungsbeispiel eines Fragebogens finden Sie im Anhang, Seite 145.

→I ANHANG

Gliederung der schriftlichen Dokumentation

Titel (evtl. Untertitel)	Titel: Umfrage zum Thema «Jugend und Alkohol» (Untertitel: Ergebnisse, Kommentare, Fazit)
Ausgangslage	Wie kam es zur Umfrage? Was war die Motivation, der Ausgangspunkt, der Anlass? Wie lautete der Auftrag? Was wollten wir herausfinden?
Rahmenbedingungen	Wen haben wir befragt? Wie viele Personen erhielten einen Fragebogen? Wie lange dauerte die Befragung? Wie hoch war die Rücklaufquote, wie viele Fragebogen haben wir ausgewertet? Wie haben wir die Antworten ausgewertet? …
Auswertung	Das ist der Hauptteil der Dokumentation. Die einzelnen Resultate werden in grafischen Darstellungen dokumentiert und kurz erläutert; dabei wird auf persönliche Wertungen verzichtet. Zwischentitel setzen.
Fazit	Das Fazit ist eine Schlussbetrachtung der gesamten Tätigkeit. Es kann beinhalten: eine kurze Zusammenfassung, Stellungnahme zur Zielerreichung, wichtige Erkenntnisse, Ausblick in die Zukunft, persönliche Wertung. Im Fazit wechselt man auf Formulierungen in Ich- bzw. Wir-Formen.
Beilagen	Fragebogen (nicht ausgefüllt) Fragebogen (ein ausgefüllter Fragebogen, anonym, als Beispiel)
Quellenangaben	Ort, Datum Vornamen, Nachnamen der Autorinnen und Autoren

ÜBUNG 12 Auch für die Erhebung der Kundenzufriedenheit werden Fragebogen verwendet, beispielsweise nach Weiterbildungskursen, nach einem Hotelaufenthalt oder einem Schadensfall.

1. Analysieren Sie folgenden Fragebogen einer Versicherungsgesellschaft.
2. An den sechs farbig markierten Stellen weist der Fragebogen Mängel auf. Analysieren Sie diese und schlagen Sie Verbesserungen vor.
3. Vergleichen und besprechen Sie Ihre Lösungen mit einem Partner/einer Partnerin.

Ihre Zufriedenheit liegt uns am Herzen – sagen Sie uns Ihre Meinung!

Sehr geehrter Herr Muster-Kunde, sehr geehrte Frau Muster-Kundin

Die zuständige Generalagentur hat Ihren Schadensfall vom 18.09.2012 inzwischen erledigt. Guter Service steht bei uns an erster Stelle. Deshalb sind wir bestrebt, die Qualität unserer Arbeit stets zu verbessern. Helfen Sie uns, indem Sie den folgenden Fragebogen ausfüllen und ihn mit dem frankierten Antwortumschlag an uns zurücksenden. – Herzlichen Dank für Ihre wertvolle Mitarbeit!

Aussagen zur Bewertung:	😊 4	🙂 3	😐 2	☹ 1
1. **Mein Anliegen wurde ernst genommen und sofort erkannt.**	☐	☐	☐	☐
2. Ich wurde über das weitere Vorgehen gut informiert.	☐	☐	☐	☐
3. Ich fühlte mich freundlich behandelt.	☐	☐	☐	☐
4. Die zuständige Person war immer erreichbar.	☐	☐	☐	☐
5. Meine Gesprächspartner waren kompetent.	☐	☐	☐	☐
6. **Die Auszahlung erfolgte zu spät.**	☐	☐	☐	☐
7. Der Schaden wurde unbürokratisch erledigt.	☐	☐	☐	☐
8. Ich bin mit der Erledigung des Schadensfalls zufrieden.	☐	☐	☐	☐
9. **Ich kann die Versicherung unter Umständen weiterempfehlen.**	☐	☐	☐	☐

Skala: 4 = trifft zu   3 = trifft weitgehend zu   2 = trifft teilweise zu   1 = trifft nicht zu

Bemerkungen, Anregungen und Fragen zu Ihrem Schadensfall: ....

Fehleranalyse	**Verbesserungsvorschlag**

Das Porträt

Zwei Porträts aus dem Emmental:

Brigitte Kunz, 27, aus Trubschachen	Thom Blunier, 43, aus Trub
Brigitte Kunz war zwölf Jahre alt, als sie zum ersten Mal mit ihrer älteren Schwester mitging und das Schwingen erlebte. Sie war sofort begeistert – und erwies sich als echtes Talent. «Ich habe früh immer wieder Kämpfe gewonnen, und das hat mich motiviert weiterzumachen.» Im September hat sie sich zum fünften Mal den Titel der Schwingerkönigin geholt. Brigitte Kunz mag das Traditionelle und Familiäre bei den Schwingfesten und lässt sich nicht aus der Ruhe bringen von der älteren Generation männlicher Schwinger, die findet, Schwingen sei nicht für Frauen. Als Rebellin sieht sie sich nicht, «aber es ist schon speziell», sagt sie. Brigitte Kunz arbeitet als Haushaltshilfe und lebt mit ihren Eltern auf einem kleinen Bauernhof in den steilen Hügeln bei Trubschachen. Dazu gehören Kartoffeläcker und Wiesen, ein halbes Dutzend Kühe und ein Pferd. «Aber der Hof ist viel zu klein, um davon zu leben, eigentlich ist es mehr ein Hobby. Mein Vater musste daneben immer noch andere Arbeit machen, damit wir durchgekommen sind.» Bodenständig und einfach sind die Leute im Emmental, findet Brigitte Kunz, die sich dort sehr wohlfühlt und keine Pläne hegt, ihre Heimat in näherer Zukunft zu verlassen, auch wenn es woanders vielleicht bessere Jobs gäbe. «Meiner gefällt mir, und irgendwie muss man auch mal zufrieden sein im Leben.»	Der frühere Automechaniker Thom Blunier hat schon mit zwölf angefangen, Gitarre zu spielen, heute lebt er von seiner Band «Shakra» und ist fast jedes Wochenende auf Konzerttour. Blunier ist in Trub geboren, aufgewachsen und lebt noch immer dort. Mit seinen langen Haaren und seinem Sound war er bereits als Jugendlicher ein Exot im Emmental. «Ich war in meiner Klasse der einzige Junge, der nicht aus einer Bauernfamilie kam. Aber das war alles nie ein Problem, ich habe mich hier immer integriert gefühlt.» Im Tonstudio in Bärau entstehen alle Aufnahmen, der Proberaum ist in Bern, von wo inzwischen auch die Mehrheit der Bandmitglieder kommt. Thom Blunier schätzt die Lebensqualität im Emmental. «Das wird einem aber erst bewusst, wenn man mal eine Weile woanders ist. Die Natur hier, der Luxus, ohne Stau zur Arbeit zu kommen, die gute Luft, kein Lärm – mit der Zeit wird alles selbstverständlich.» Das konservative Image der Emmentalerinnen und Emmentaler will er nicht abstreiten, aber: «Ist es an anderen Orten so anders? In Zürich wurden wir mit unseren langen Haaren und der Rockerkluft auch schon schräg angeguckt.» Allerdings stellt er eine gewisse Überalterung fest. Und dies habe Folgen: «In Trub gab es auch schon mehr Läden – viele sind zugegangen.» Thom Blunier liebt den Süden und könnte sich durchaus vorstellen, mal aus dem Emmental wegzuziehen. «Ich glaube, ich hatte nur deshalb bisher nie das Bedürfnis, weil wir so oft touren.»

Aus: Migros-Magazin Nr. 42, Oktober 2011

ÜBUNG 13

1. Lesen Sie die beiden Porträts aufmerksam durch. Markieren Sie wichtige Textstellen.
2. Was erfährt man über Brigitte Kunz? Was über Thom Blunier? Fassen Sie das Wichtigste stichwortartig zusammen.
3. Unterstreichen Sie in Ihrer Zusammenfassung die Gemeinsamkeiten der beiden Personen.
4. Vergleichen und besprechen Sie Ihre Lösungen mit einem Partner/einer Partnerin.

Das Wichtigste über Brigitte Kunz	Das Wichtigste über Thom Blunier

Was ist ein Porträt?

Ein Porträt ist ein Bild einer Person in schriftlicher Form, gewissermassen eine «getextete Momentaufnahme». Das Porträt soll das Wesen, die Persönlichkeit eines Menschen möglichst anschaulich darstellen. Je nach Person beschränkt sich die Darstellung nicht bloss auf die Gegenwart, sondern auch Vergangenes und Zukünftiges können in das Porträt einfliessen.

Äussere und innere Charakterisierung

Bei einem Porträt wird versucht, ein Gesamtbild einer Person zu entwerfen. Daher werden neben äusserlichen Merkmalen (Aussehen, Alter, Beruf u.a.) auch innere Eigenschaften festgehalten.

Äussere Charakterisierung	Innere Charakterisierung
• Alter	• Denken und Fühlen
• Geschlecht	• Lebenseinstellung
• Beruf	• Interessen
• Hobbys	• Ideen
• Wohnort	• Wünsche
• Körperbau, Gesicht, Frisur	• Ziele
• Kleidung	• Ängste
• Zivilstand	• Charakter

ÜBUNG 14

1. Lesen Sie den folgenden Text aufmerksam durch.
2. Markieren Sie alle Textstellen, die etwas über den Ich-Erzähler aussagen.
3. Markieren Sie danach die Textstellen, die etwas über Paul Müller aussagen.
4. Ordnen Sie die Aussagen über Paul Müller folgenden Bereichen zu: äussere Charakterisierung / innere Charakterisierung (siehe Tabelle auf der nächsten Seite).
5. Vergleichen und besprechen Sie Ihre Lösungen in einer Gruppe von zwei bis vier Personen.

Zeilen		Randnotizen
1	Und 1940 fing ich also auch meine kaufmännische Lehre an! Wie das kam,	Ich-Erzähler
2	dass ich, ein ordentlicher, braver Knabe, meinen Schulverleider offenbar	
3	so lange und aufdringlich zu merken gab, bis der Vater schliesslich mit-	
4	ten im Schuljahr die Konsequenzen zog, das ist mir überaus schleierhaft.	
5	Bei aller Schüchternheit und Ängstlichkeit muss schon damals einiges an	
6	Hartnäckigkeit und Veränderungsdrang in mir gesteckt haben. Jedenfalls	
7	wurde Vater meines ewigen Jammerns müde, zeigte eines Tages auf eine	
8	kleine Anzeige in der «Ostschweiz», in der ein kaufmännischer Lehrling	
9	gesucht wurde, hiess mich eine Bewerbung schreiben – und bereits im	
10	ersten Anlauf, ein bisschen zu meinem Schrecken, hatte ich Erfolg: Ge-	
11	neralagentur Paul Müller an der Leonhardstrasse liess meinen Vater und	Paul Müller
12	mich kommen und stellte mich ein. Lohn 25 Franken im ersten, 40 im	
13	zweiten, 50 im dritten Lehrjahr, abzüglich AHV; nach dem ersten Monat	
14	brachte ich 24.50 heim und durfte 4.50 behalten: mein erstes Geld.	
15	Herr Müller war ein jovialer, etwas finsterer Herr in den Fünfzigern; er	
16	hatte schwarze buschige Augenbrauen und einen schwarzen Schnauz,	
17	kam immer spät, verschwand nach knappem Gruss in seinem Privat-	
18	büro, und niemand wusste so recht, was er dort tat. Er unterschrieb Brie-	
19	fe, zweifellos, und der Namenszug «Paul Müller» ging ihm flott von der	
20	Hand, doch unterschrieb er meist, was andere diktiert hatten. Solange ich	
21	zahm und unterwürfig war, war Herr Müller, vor dem ich natürlich enor-	
22	men Respekt hatte, wohlwollend zu mir, wenn auch meist unsichtbar	

23 und leicht unheimlich. Denn manchmal, wenn etwas schieflief, tauch-
24 te er dann plötzlich auf und liess ein Donnerwetter los wie ein rächen-
25 der Gott. Mich traf es am Anfang nie, wie gesagt; als ich aber neue Ideen
26 aus dem Korrespondenzunterricht bei Dr. Paul Spahn an der Schule des
27 Kaufmännischen Vereins (KV) im Büro verwirklichen wollte und unter
28 die Briefe eines Tages nicht mehr «... und zeichnen wir hochachtungs-
29 voll», sondern «mit freundlichen Grüssen» schrieb, hätte er mich bei-
30 nahe rausgeschmissen. Mit diesem neumodischen Zeug solle ich sofort
31 wieder abfahren; man habe das jetzt dreissig Jahre so gemacht, und da
32 brauche ich als grüner Stift nicht daherzukommen; sprach eine Warnung
33 aus («Wenn das nochmals passiert ...») und zerriss die schönen Briefe
34 mit den freundlichen Grüssen. Von da an zeichneten wir wieder hoch-
35 achtungsvoll; ich hatte, nicht zum letzten Mal, die Erfahrung gemacht,
36 dass man sich mit Ideen Ärger einhandelt.

Aus: August E. Hohler: Gegen den Strom nach vorn © Edition Heuwinkel, Basel, 1989. S. 67–68.

Äussere Charakterisierung Paul Müller	Innere Charakterisierung Paul Müller

Formen

Personenporträt	Personenporträts entstehen in der Regel aufgrund einer persönlichen Begegnung, eines Gesprächs oder Interviews. In diesen Fällen ist es wichtig, die äussere Erscheinung genau zu studieren, Besonderheiten zu erfassen und herauszufinden, wie die porträtierte Person denkt und fühlt. Beim Verfassen des Porträts ist darauf zu achten, dass Würde und Privatsphäre bewahrt bleiben; nicht alles, was man sieht und weiss, muss in den Text einfliessen.
Selbstporträt	Schreibt man über sich selber, entsteht ein sogenanntes Selbstporträt. Ein Selbstporträt kann man beispielsweise einer Bewerbung beilegen – zusätzlich zum Personalienblatt.
«kaltes» Porträt	Es können auch Porträts erstellt werden über Personen, die man nicht persönlich kennt oder die bereits tot sind. In diesen Fällen spricht man von einem «kalten» Porträt. Beim Zusammentragen der Informationen muss man sich ganz auf das recherchierte Material abstützen. Der Text kann – im Gegensatz zum Porträt über eine uns persönlich bekannte Person – in der Vergangenheitsform verfasst sein.

Aufbau

- Der Text sollte spannend und lebendig beginnen. Möglichkeiten: Ein gehaltvolles Zitat, ein spannendes Ereignis, ein besonderes körperliches Merkmal oder ein auffallendes Verhalten. Wichtig: Im Verlauf des Porträts sollte auf den Einstieg nochmals Bezug genommen werden.
- Anschliessend können ein paar wichtige Fakten folgen (Name, Alter, Beruf, Wohnort …). Nach der Einleitung folgt die Beschreibung der körperlichen Merkmale (Grösse, Statur, Haare, Gesichtszüge …), der besonderen Merkmale und der äusseren Erscheinung (typische Verhaltensweisen, Bewegung, Kleidung, Auftreten, Wirkung …), der Hobbys u. a. Solche Beschreibungen baut man am besten in Handlungen ein.
- Im dritten Teil können Themen wie Lebenseinstellung, Ideen, Wünsche, private und berufliche Ziele, Hoffnungen, Ängste usw. zur Sprache kommen.
- Im Schlussteil kann man nochmals auf den Einstieg zurückkommen, einen Aspekt nochmals aufnehmen oder den Gesamteindruck schildern. Auch möglich ist der Abschluss mit einem interessanten Zitat.

Sprache / Stil

- Präzise Wortwahl, passende Adjektive
- Genau Angaben (Daten, Fakten)
- Kurze Sätze, einfache Satzstrukturen
- Aktivsätze, Verbalstil
- Direkte und indirekte Rede in einem ausgewogenen Verhältnis
- Berichtsstil: neutrale Perspektive (keine Ich- bzw. Wir-Formen)
- Ohne persönliche Stellungnahme und Wertung
- Zeitform: Präsens; jedoch Vergangenheitsformen für zurückliegende Ereignisse

---

Auf der Seite 141 finden Sie eine Liste mit Wörtern, die zur Beschreibung von Personen nützlich sein können.

 ANHANG

---

1. Oft basiert ein Porträt auf einem Gespräch oder Interview. Das Gesagte muss in diesem Fall in den Berichtsstil (siehe Seite 44 ff.) umformuliert werden. Schreiben Sie die unten stehenden Aussagen gemäss dem Beispiel um. Sie können dabei auch inhaltliche Kürzungen vornehmen.
2. Vergleichen und besprechen Sie Ihre Lösungen mit einem Partner/einer Partnerin.

 ÜBUNG 15

Interview (Auszüge aus dem Interview mit Padi Bernhard, siehe Seite 57 f.)	Umformung in den Berichtsstil
Könnten Sie sich als aktiven Politiker vorstellen? Padi Bernhard: Wahrscheinlich könnte ich am meisten bewirken, wenn ich dem Gemeinderat beitreten würde; vorerst wird das aus zeitlichen Gründen schwierig sein. Aber wer weiss, eines Tages habe ich vielleicht die Kapazitäten dazu.	Padi Bernhard kann sich vorstellen, aktiv in der Politik mitzumachen, zum Beispiel als Mitglied des Gemeinderats. Doch vorerst fehlt ihm noch die Zeit.

Wenn Sie sich zwischen Lehrer und Musiker entscheiden müssten, was würden Sie wählen?

Padi Bernhard: Ganz klar den Lehrerberuf. Das ist der schönste Job auf der Welt! Zugegeben, das sehe ich immer vor den Sommerferien so … Die Musik war für mich immer ein Hobby und soll es auch bleiben. Ich möchte nicht Musik machen müssen.

Wenn Sie bestimmen könnten, welches Schulfach würden Sie abschaffen und welchem mehr Bedeutung verleihen?

Padi Bernhard: Den musischen Fächern würde ich mehr Bedeutung schenken. Ich habe selber von diesen sehr viel profitieren können. Ich erfahre seit Jahren, dass sie auf die Kinder einen positiven Einfluss haben. Abschaffen würde ich zuerst das Frühenglisch. Ich erachte es als nicht nötig, schon in der 3. Klasse eine Fremdsprache erlernen zu müssen.

Sie haben einmal gesagt, dass Sie bis jetzt in Ihrem Leben immer nur Glück gehabt hätten. Woran mag das liegen?

Padi Bernhard: Das ist wahrscheinlich die Frage, die ich mir selber am meisten stelle. Jemand hat mir einmal gesagt, dass dies wahrscheinlich so sei, weil er an das Glück glaube. Ich denke, dass die Menschen glücklicher wären, wenn sie nicht so oft das Negative in den Vordergrund stellen würden.

Aus: Neue Luzerner Zeitung, 2.7.2010; gekürzt

ÜBUNG 16

1. Suchen Sie in einer Zeitschrift ein kurzes Interview und verfassen Sie daraus ein Porträt im Berichtsstil.
2. Verfassen Sie ein Selbstporträt im Umfang von rund einer A4-Seite. Geben Sie den Text jemandem zum aufmerksamen und kritischen Gegenlesen.

Die Erörterung

Eine Erörterung ist eine vertiefte gedankliche Auseinandersetzung mit einem Thema, einem Problem oder Sachverhalt in schriftlicher Form. Das A und O guter Erörterungen sind logische und überzeugende Argumentationen.

Man unterscheidet drei Formen von Erörterungen:
* freie Erörterung
* textgebundene Erörterung
* literarische Erörterung

Bei der textgebundenen Erörterung liegt ein Text als Ausgangspunkt und Grundlage vor. Es geht darum, die Argumente des Autors bzw. der Autorin herauszuarbeiten und dazu Stellung zu nehmen. Dabei kann man die genannten Argumente unterstützen oder entsprechende Gegenargumente einbringen.

Bei einer literarischen Erörterung bezieht sich die Aufgabenstellung auf ein literarisches Werk, beispielsweise auf einen Romanausschnitt, eine Kurzgeschichte oder ein Gedicht.

Die häufigste Form ist die freie Erörterung. Dabei unterscheidet man zwei Formen: die lineare und die dialektische Erörterung.

Die lineare Erörterung

In einer linearen Erörterung wird der eigene Standpunkt linear (= gradlinig) mit verschiedenen Argumenten begründet. Es werden nur Argumente dafür (= Pro-Argumente) oder Argumente dagegen (= Kontra-Argumente) erwähnt. Die Meinung der schreibenden Person ist von Anfang an klar. Beispiel: In einem Leserbrief wird der Standpunkt für oder gegen die Todesstrafe mit Argumenten dargelegt. Diese Form von Argumentationen kommt häufig in politischen Diskussionen vor, in denen die einzelnen Gruppierungen (Parteien) ihre Meinungen prägnant und kämpferisch vertreten. Mehr dazu auf Seite 75.

Lineare Erörterung Pro	Lineare Erörterung Kontra
Einleitung	Einleitung
↓	↓
Pro-Argument 1	**Kontra-Argument 1**
↓	↓
Pro-Argument 2	**Kontra-Argument 2**
↓	↓
Pro-Argument 3	**Kontra-Argument 3**
↓	↓
Schluss	Schluss

Die dialektische Erörterung

Das Adjektiv «dialektisch» ist vom Nomen «Dialektik» abgeleitet, was so viel heisst wie «Kunst der Gesprächsführung». Bei einer dialektischen Erörterung werden das Für (die Pro-Argumente) und das Wider (die Kontra-Argumente) eines Themas einander gegenübergestellt. Die schreibende Person nimmt erst am Schluss in Form eines Fazits Stellung. Beispiel: In einem Aufsatz werden die Vor- und Nachteile eines EU-Beitritts der Schweiz abgewogen; im Schlussteil nimmt die Autorin oder der Autor dazu Stellung.

Die dialektische Erörterung wird in der Regel so aufgebaut, dass zuerst die Pro-Argumente und danach die Kontra-Argumente genannt werden. Aber auch die umgekehrte Reihenfolge ist möglich.

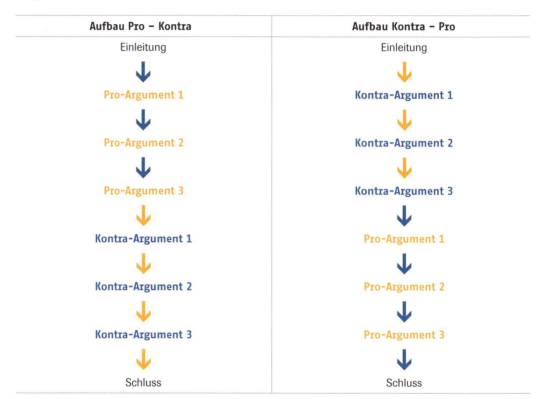

Aufbau Pro – Kontra	Aufbau Kontra – Pro
Einleitung	Einleitung
⬇	⬇
Pro-Argument 1	Kontra-Argument 1
⬇	⬇
Pro-Argument 2	Kontra-Argument 2
⬇	⬇
Pro-Argument 3	Kontra-Argument 3
⬇	⬇
Kontra-Argument 1	Pro-Argument 1
⬇	⬇
Kontra-Argument 2	Pro-Argument 2
⬇	⬇
Kontra-Argument 3	Pro-Argument 3
⬇	⬇
Schluss	Schluss

Themen für Erörterungen

Geeignet sind gesellschaftliche Themen, bei denen es verschiedene Meinungen, Positionen und Interessen geben kann. Nicht geeignet für Erörterungen sind Grundfragen der Religion («Gibt es einen Gott?»), des Lebens («Was ist der Sinn des Lebens?») oder allgemein akzeptierte Grundregeln des Zusammenlebens (z. B. die Menschenrechte). Ungeeignet sind auch Diskussionen über Handlungen, die gesetzlich verboten sind («Was sind die Vor- und Nachteile beim Diebstahl?»).

ANHANG →| Im Anhang, Seiten 149–151, finden Sie je ein Orientierungsbeispiel zur linearen und zur dialektischen Erörterung.

ANHANG →| Eine Themenliste für lineare und dialektische Erörterungen finden Sie im Anhang auf Seite 148.

Argumentieren

Argumente sind Beweisgründe, die für oder gegen eine Sache sprechen. Eine überzeugende, stichhaltige Argumentation ist bei einer Erörterung zentral. Aber auch in Diskussionen, Leserbriefen, Facharbeiten oder Briefen hängt der Erfolg zum grossen Teil davon ab, wie überzeugend man argumentiert.

Grundregeln für das Argumentieren
* Jede Meinung, Forderung, Behauptung oder These muss begründet werden.
* Die Argumentation muss sachlich, logisch und überzeugend sein.
* Die Argumentation erfolgt durch klar aufgebaute Argumentationsketten.
* Verallgemeinerungen, Vorurteile und Schuldzuweisungen gehören nicht in eine Erörterung.
* Es muss unterschieden werden zwischen objektiven Tatsachenaussagen, subjektiven Urteilen und subjektiven Meinungen.

Tatsache	Subjektives Urteil	Subjektive Meinung
«Diese Schuhe kosten bei uns 120 Franken.»	«120 Franken für diese Schuhe? Das ist doch viel zu teuer!»	«Das ist zwar ein stolzer Preis, doch die Qualität stimmt.»
Tatsache: der feste Preis	Ein abschliessendes Urteil ohne Begründung; emotional	Meinung, die begründet wird (Qualität); sachlich

Aufbau von Argumentationsketten

2-Schritt-Argumentation: «Stimm- und Wahlrecht ab 16»

Meinung Forderung Behauptung	Ich bin dafür, dass das Stimm- und Wahlrecht von 18 auf 16 Jahre gesenkt wird, ...	Aussagesatz
Begründung	... denn von den 16-Jährigen wird heute in vielen Bereichen des täglichen Lebens erwartet, dass sie Verantwortung übernehmen.	Sprachliche Verknüpfung mit: weil, da, denn, nämlich

3-Schritt-Argumentation: «Stimm- und Wahlrecht ab 16»

Meinung Forderung Behauptung	Ich bin dafür, dass das Stimm- und Wahlrecht von 18 auf 16 Jahre gesenkt wird, ...	Aussagesatz
Begründung	... denn von 16-Jährigen wird heute in vielen Bereichen des täglichen Lebens erwartet, dass sie Verantwortung übernehmen.	sprachliche Verknüpfung mit: weil, da, denn, nämlich
Beweis (Beispiel, Ereignis, Fakten, Zahlen)	So müssen sie sich nach der obligatorischen Schulzeit für einen Beruf entscheiden, sind steuerpflichtig und können über ihre religiöse Zugehörigkeit entscheiden.	In der Regel mit einem neuen Satz beginnen. Sprachliche Verknüpfung mit: so, beispielsweise, daher, aus diesem Grund

4-Schritt-Argumentation: «Stimm- und Wahlrecht ab 16»

Meinung Forderung Behauptung	Ich bin dafür, dass das Stimm- und Wahlrecht von 18 auf 16 Jahre gesenkt wird, ...	Aussagesatz
Begründung	... denn von 16-Jährigen wird heute in vielen Bereichen des täglichen Lebens erwartet, dass sie Verantwortung übernehmen.	sprachliche Verknüpfung mit: **weil, da, denn, nämlich**
Beweis (Beispiel, Ereignis, Fakten, Zahlen)	So müssen sie sich nach der obligatorischen Schulzeit für einen Beruf entscheiden, sind steuerpflichtig und können über ihre religiöse Zugehörigkeit entscheiden.	In der Regel mit einem neuen Satz beginnen. Sprachliche Verknüpfung mit: **so, beispielsweise, daher, aus diesem Grund**
Folgerung	Daher ist es nur logisch, dass auch die 16- und 17-Jährigen in der Politik mitbestimmen sollten. Damit würde auch ihr Interesse an politischen Prozessen steigen.	Neuer Satz Sprachliche Verknüpfung mit: **daher, folglich, also, somit, sodass**

ÜBUNG 17

1. Bauen Sie gemäss dem Beispiel «Stimm- und Wahlrecht ab 16» Argumentationsketten auf.
2. Vergleichen und diskutieren Sie Ihre Lösungen zu zweit oder in der Gruppe.

a) Sie sind gegen die Herabsetzung des Stimm- und Wahlrechtsalters auf 16. Bauen Sie eine 3-Schritt-Argumentation auf.

1. Meinung	Ich bin dagegen, dass das Stimm- und Wahlrecht von 18 auf 16 Jahre gesenkt wird, ...
2. Begründung	
3. Beweis (Beispiel, Ereignis, Fakten, Zahlen)	

b) Für Jugendliche bis 16 Jahren soll ein Ausgangsverbot erlassen werden. Sie dürften sich danach ab 22 Uhr nicht mehr im öffentlichen Raum aufhalten. Bauen Sie je eine 4-Schritt-Argumentation dafür und eine dagegen auf.

1. Meinung   **Ich bin klar für ein solches Ausgangsverbot für Jugendliche, ...**

2. Begründung

....

....

....

....

3. Beweis (Beispiel, Ereignis, Fakten, Zahlen)

....

....

....

4. Folgerung

....

....

....

....

....

....

1. Meinung   **Ich bin klar gegen ein solches Ausgangsverbot für Jugendliche, ...**

2. Begründung

....

....

....

....

3. Beweis (Beispiel, Ereignis, Fakten, Zahlen)

....

....

....

4. Folgerung

....

....

....

....

....

....

c) Alle in der Schweiz lebenden Personen sollen nach Abschluss der obligatorischen Schule einen sogenannten «Bildungsgutschein» im Wert von 2000 Franken pro Jahr erhalten. Der Gutschein kann eingelöst werden für Auslagen in Zusammenhang mit der Aus- und Weiterbildung (Kurse, Sprachaufenthalte, Lehrmittel u. a.). Die Gutscheine gelten nicht für private Ausgaben. Der Bezug der Gutscheine ist beschränkt auf zehn Jahre. Nicht eingelöste Gutscheine verfallen. – Nehmen Sie dazu Stellung, und zwar einmal dafür, einmal dagegen.

1. Meinung   **Diese Idee für einen Bildungsgutschein kann ich nur unterstützen, ...**

2. Begründung   ....

                      ....

                      ....

                      ....

3. Beweis (Beispiel, ...
   Ereignis, Fakten,
   Zahlen)   ....

                      ....

                      ....

                      ....

                      ....

                      ....

1. Meinung   **Ich bin gegen die Abgabe von Bildungsgutscheinen, ...**

2. Begründung   ....

                      ....

                      ....

                      ....

3. Beweis (Beispiel, ...
   Ereignis, Fakten,
   Zahlen)   ....

                      ....

                      ....

                      ....

                      ....

                      ....

Vorgehen beim Verfassen einer Erörterung

Das Verfassen einer Erörterung ist eine anspruchsvolle Arbeit. Es braucht nicht nur sprachliche Fähigkeiten, sondern auch das nötige Hintergrundwissen. Ein systematisches Vorgehen hilft, die Aufgabe erfolgreich zu bewältigen

Arbeitsschritte	Fragestellungen, Arbeitsweise
1. Thema erfassen	• Was ist das zentrale Thema? • Was gehört nicht zum Thema (= Abgrenzung)? • Was wird verlangt? – Eine lineare oder eine dialektische Erörterung? • Wie viel weiss ich schon über dieses Thema?
2. Ideen sammeln	• Spontane Niederschrift von Stichwörtern • Brainstorming zusammen mit anderen • Ideensammlung mithilfe einer A–Z–Liste (siehe Seite 139) • Ideensammlung mit Mindmap und/oder Cluster (siehe Seite 138)
3. Ideen ordnen und gewichten	• Welche Argumente sind brauchbar? • Welches sind keine Argumente? • Welches ist das stärkste, welches das schwächste Argument? • Was gehört in die Einleitung, was in den Schluss?
4. Gliederung erstellen	• Einleitung: Spannender Einstieg, auf das Thema vorbereiten • Hauptteil: Reihenfolge der Argumente bestimmen • Schlussteil: Fazit, persönliche Stellungnahme, Ausblick Wichtig: Fakten und Zahlen recherchieren.
5. Text verfassen	• Kurze Einleitung: Interesse wecken, zum Thema hinführen • Hauptteil: Aufbau von Argumentationsketten; auf gute Übergänge und sprachliche Verknüpfungen achten • Schlussteil: Wechsel in die subjektive Perspektive (Ich-, Wir-Formen)
6. Text prüfen	• Ist der Inhalt verständlich dargestellt? • Sind die Argumente logisch aufgebaut? • Fehlt ein wichtiger Aspekt? • Stimmen Grammatik, Rechtschreibung und Zeichensetzung? • Ist der Schreibstil einheitlich und flüssig?

Einleitung, Schluss, Sprache / Stil

Einleitung

Die Einleitung ist kurz, führt die Lesenden zum Thema hin und stimmt sie auf das Thema ein. Sie sollte mit einer Frage enden, die den Aufbau der Erörterung (linear/dialektisch) deutlich macht. Möglichkeiten:
• Beschreibung der Ausgangslage (was, wer, wann, wo, wie …)
• Hinweis auf ein aktuelles Ereignis
• Ein konkretes Beispiel
• Eine eigene Erfahrung oder ein eigenes Erlebnis
• Fakten wie Zahlen, Geschichtsdaten, Ereignisse
• Ein passendes Zitat oder Sprichwort
• Eine kurze Begriffserklärung

Der Schluss

Der Schlussteil ist wie ein Fazit, in dem klar Stellung bezogen wird. Oft wird in die subjektive Perspektive gewechselt (Ich- oder Wir-Formen). Der Schluss ist wie die Einleitung kurz und prägnant.

Möglichkeiten:

- Bezug auf ein bereits erwähntes Argument
- Eine kurze Zusammenfassung
- Eine Hoffnung, ein Appell
- Ein Ausblick in die Zukunft
- Eine offene Frage
- Ein persönlicher Wunsch

Sprache / Stil

- Präzise Wortwahl
- Genau Angaben (Daten, Fakten, Namen)
- Kurze Sätze, einfache Satzstrukturen
- Signalwörter wie *weil, denn, daher, deshalb, folglich, beispielsweise* …
- Aktivsätze, Verbalstil
- Zitate in Anführungs- und Schlusszeichen
- Neutrale Perspektive in der Einleitung und im Hauptteil
- Subjektive Perspektive (Ich- bzw. Wir-Formen) im Schlussteil
- Zeitform: grundsätzlich Präsens; aber auch Vergangenheits- und Zukunftsformen

---

FORMULIERUNGSHILFEN

- Was spricht dafür und was dagegen?
- Was sind die Vor- und Nachteile?
- Ein wichtiger / zentraler / entscheidender Punkt ist …
- Dieses Argument steht an erster Stelle …
- Wichtig ist vor allem …
- Betrachtet man …
- nicht nur … sondern auch …
- Es muss betont / darauf hingewiesen / darauf aufmerksam gemacht werden, dass …

- Schliesslich …
- zum Beispiel … / beispielsweise … / so … / etwa …
- Zudem … / Auch … / Weiter … / Hinzu kommt …
- Ich bin dafür / dagegen.
- einerseits – andererseits; zwar – aber, nicht nur – sondern auch
- Ich bin der Meinung / der Ansicht…
- Meiner Meinung nach … / Meiner Ansicht nach …
- Für mich ist / gilt / bedeutet …
- Ich hoffe … / wünsche mir …

ÜBUNG 18

1. Wählen Sie aus den Themen im Anhang, Seite 148, eines aus und verfassen Sie eine lineare Erörterung gemäss dem Orientierungsbeispiel. Arbeiten Sie dabei sehr systematisch (Arbeitsschritte einhalten) und beachten Sie die Formulierungshilfen oben.
2. Besprechen Sie den Text mit einer Partnerin / einem Partner.
3. Überarbeiten Sie den Text und erstellen Sie die Endfassung.

ÜBUNG 19

1. Wählen Sie aus den Themen im Anhang, Seite 148, eines aus und verfassen Sie eine dialektische Erörterung gemäss dem Orientierungsbeispiel. Arbeiten Sie dabei sehr systematisch (Arbeitsschritte einhalten) und beachten Sie die Formulierungshilfen oben.
2. Besprechen Sie den Text mit einer Partnerin / einem Partner.
3. Überarbeiten Sie den Text und erstellen Sie die Endfassung.

Der Leserbrief

Der Leserbrief ist ein wirksames Mittel, um die persönliche Meinung öffentlich zu äussern. Die Seite mit den Leserbriefen wird stark beachtet, denn in den Zuschriften der Leserinnen und Leser werden die Themen oft kritischer und emotionaler angesprochen als in den Zeitungsartikeln. Daher sind die Redaktionen an Leserbriefen sehr interessiert. Sie behalten sich jedoch vor, den Text zu kürzen, den Titel abzuändern oder den Leserbrief nicht zu publizieren.

REGELN FÜR LESERBRIEFE

Viele Redaktionen definieren ihre eigenen Regeln für Leserbriefe. Die folgenden Bestimmungen sind aus diversen Schweizer Tageszeitungen, Zeitschriften und Online-Medien zusammengestellt.

- Die Leserbrief-Länge beträgt maximal 1500 Zeichen (inkl. Leerschläge).
- Die Beiträge müssen mit Vorname, Name, Adresse und Telefonnummer gekennzeichnet sein.
- Die Redaktion behält sich vor, Texte zu redigieren und zu kürzen.
- Die Titelsetzung ist Sache der Redaktion.
- Ein Recht auf Publikation eines Leserbriefs besteht nicht.
- Nicht publiziert werden offene oder organisierte Briefe sowie Zuschriften mit ehrverletzendem
- oder rassistischem Inhalt.
- Diffamierende und anonyme Briefe sowie Gedichte werden nicht abgedruckt.
- Über das Erscheinen bzw. das Nicht-Erscheinen wird keine Korrespondenz geführt.
- Leserbriefe beschränken sich auf ein Thema.
- Schreiben Sie Begriffe aus («Schweizer Franken» statt «Sfr.» oder «CHF»).
- Im Rahmen von PR-Kampagnen vorgefertigte Leserbriefe von Proforma-Absendern sind unerwünscht; ebenso Texte, die an mehrere Medien verschickt werden.

Merkmale guter Leserbriefe

Inhalt	Der Leserbrief bezieht sich auf ein aktuelles Thema, auf einen aktuellen Artikel.
Form	Der Text ist kurz (max. 1500 Zeichen, inkl. Leerzeichen).
Aufbau	Der Text ist klar strukturiert. Das Wichtigste steht am Anfang.
Sprache	Sachliche, knappe Ausdrucksweise und trotzdem engagiert, interessant und pointiert. Persönliche Ich- und Wir-Formen. Kurze Aktivsätze, Verbalstil. Zeitformen: Präsens für die eigene Meinung, Präteritum oder Perfekt beim Bezug auf Vergangenes. Abkürzungen sind ausgeschrieben oder erklärt.
Transparenz	Die vollständige Adresse und die Telefonnummer – für Rückfragen der Redaktion – sind angegeben. Anonyme Zuschriften und solche mit einem Pseudonym werden nicht veröffentlicht.
Fairness	Der Text enthält keine haltlosen Anschuldigungen, persönliche Verletzungen und Unterstellungen.
Korrektheit	Der Text enthält keine falschen Zahlen und Fakten oder gar Unwahrheiten.

Aus: Alex Bieli: Korrespondenz plus © hep verlag, Bern, 2011.

Aufbau, Argumentation, Sprache

Leserbriefe sind ähnlich aufgebaut wie Erörterungen. Auch hier ist das Argumentieren von grosser Bedeutung. Das folgende Orientierungsbeispiel nimmt nochmals das Thema «Olympische Winterspiele in der Schweiz» (siehe Anhang, Seiten 150 f.) auf. Im Unterschied zur Erörterung ist der Leserbrief kürzer, prägnanter, emotionaler und pointierter.

Aufbau, Inhalt	Orientierungsbeispiel
Titel	# Ja zu Olympischen Winterspielen!
Einleitung: Schon in der Einleitung wird der eigene Standpunkt klargemacht.	Ja zu Olympischen Winterspielen in der Schweiz! Das ist für unser Land eine gute Sache. Es wäre nach 1928 und 1948 erst das dritte Mal, dass Olympische Winterspiele in der Schweiz stattfinden. Hoffen wir, dass das Internationale Olympische Komitee IOC positiv entscheidet. – Weshalb bin ich für Olympische Winterspiele?
Hauptteil Pro-Argument 1	Erstens ist die Schweiz ein klassisches Wintersportland mit einer wunderbaren Bergwelt. Hinzu kommt, dass der Wintersport in der Schweiz eine lange Tradition hat und sehr beliebt ist. Denken wir nur an die grosse Begeisterung bei Skirennen (z. B. am Lauberhornrennen) oder an die vielen Fans bei Eishockeyspielen.
Pro-Argument 2	Zweitens ist ein Grossteil der nötigen Infrastruktur bereits vorhanden. Wir haben geeignete Skipisten, grosse Eishallen und viele Hotels. Nicht zu vergessen sind die bestens ausgebauten Verkehrswege (Bahnen, Strassen). Wir müssten also nicht allzu viel Geld in neue Bauten investieren.
Pro-Argument 3	Und drittens – sehr wichtig – gibt es Werbung für das Tourismusland Schweiz. Während der Olympiade würden täglich Millionen Zuschauerinnen und Zuschauer aus der ganzen Welt die verschiedenen Wettkämpfe am Fernsehen mitverfolgen. Die Schweiz hätte die Möglichkeit, sich von ihrer besten und schönsten Seite zu zeigen. Das ist quasi Gratiswerbung für die gesamte Tourismusbranche!
Schluss Die eigene Meinung kommt nochmals klar zum Ausdruck. (Umfang: 1460 Zeichen, mit Leerzeichen)	Ich hoffe sehr, dass unser Land nicht aufgibt und sich bald wieder um die Austragung für eine Winterolympiade bewirbt. Die Schweiz wäre der ideale Ort dafür! *Sergio Pro-Müller, Chur*

ÜBUNG 20

1. Verfassen Sie nun selber einen Leserbrief. Wählen Sie dazu als Grundlage die dialektische Erörterung zum Thema «Olympische Winterspiele in der Schweiz» (siehe Seite 151 f.). Schreiben Sie den gegebenen Text in einen Leserbrief um, der sich gegen das Projekt ausspricht. Erwähnen Sie also nur die drei Kontra-Argumente (gekürzt) und verfassen Sie eine passende Einleitung und einen pointierten Schluss. Umfang: maximal 1500 Zeichen, inkl. Leerzeichen.
2. Als Variante zu Aufgabe 1 können Sie einen aktuellen Zeitungsartikel auswählen und dazu einen Leserbrief schreiben.
3. Lassen Sie Ihren Text von jemandem beurteilen. Verwenden Sie dazu das Beurteilungsinstrument im Anhang, Seite 152. Überarbeiten Sie den Leserbrief aufgrund der Rückmeldung.

ANHANG →| Instrument für Beurteilung eines Leserbriefs siehe Anhang, Seite 152.

Die Erzählung

Bei einer Erzählung stehen Spannung und Emotionen im Vordergrund. Die Lesenden sollen mit einer interessanten Geschichte unterhalten werden. Dabei kann man eigene Erlebnisse wiedergeben und diese ausschmücken oder eine reine Fantasiegeschichte erzählen.

Elemente einer Erzählung

Kreativität	Lebendigkeit	Emotionen
Die Geschichte wird fantasievoll erzählt.	Die dargestellten Personen wirken lebendig.	Die Personen zeigen Gefühle wie Freude, Angst, Enttäuschung …
Spannung	**Figuren**	**Roter Faden**
Der Spannungsbogen wird bewusst aufgebaut.	Es gibt eine Hauptfigur und Nebenfiguren.	Das Hauptthema geht wie ein roter Faden durch die Geschichte.

Emotionen

Bei einer Erzählung sind Gefühle wichtig. Der folgende Textvergleich zeigt, wie dasselbe Thema unterschiedlich dargestellt werden kann.

Sachlich	Emotional
Hass ist eine menschliche Emotion scharfer und anhaltender Antipathie. Ausgehend von der Fähigkeit zu intensiven negativen Gefühlen wird der Begriff auch im übertragenen Sinne verwendet und steht allgemein für die stärkste Form der Abwendung, Verachtung und Abneigung. Die Motive des Hassenden sind oft unbewusst, können in der Regel jedoch bewusst gemacht werden. Als Gegenbegriff in vergleichbarer Gefühlstärke wird vor allem die Liebe angesehen.	Hass war ein Wort, welches Hermann selten benutzte, geschweige denn auf irgendeinen Menschen oder eine Sache beziehen würde, so dachte er wenigstens. Er war der Ansicht, dass es nichts auf der Welt gab, das er so sehr verabscheute, dass man es Hass nennen durfte. Nach einem Besuch in einem Fitnesscenter war er sich aber doch nicht mehr ganz sicher, ob man das Gefühl, welches er jetzt für diesen Ort empfand, nicht als Hass bezeichnen würde.
de.wikipedia.org (16.10.2012)	Einleitung zur Erzählung «Der Kernbeisser» von Jona Ostfeld im Buch «Der Seidenlaubenvogel», Cosmos Verlag, 2008, Seite 47
Das Thema «Hass» wird möglichst sachlich und wertfrei definiert. Es geht vor allem um Information.	Das Thema «Hass» wird aus der Sicht einer Person (Hermann) dargestellt. Die eigenen Gefühle und Wahrnehmungen stehen im Vordergrund.

 **ÜBUNG 21**

1. Schreiben Sie die Sätze so um, dass sie Emotionen wecken.
2. Vergleichen und besprechen Sie Ihre Lösungen zu zweit oder in der Gruppe.

Sachlich	Emotional
Sie starb im Alter von 47 Jahren.	Mit 47 war ihr Leben zu Ende – viel zu früh!
Ich habe die Prüfung bestanden.	
Morgen wird es wieder regnen.	
Die Party verlief nicht so, wie gewünscht.	
Dieses Kleid kostet über 1000 Franken.	
Die beiden haben sich wieder versöhnt.	
Der Bus hatte heute Morgen wieder Verspätung.	

Spannungsaufbau

Der Aufbau der Geschichte ist auf einen Höhepunkt oder Wendepunkt hin angelegt. Wie in einem Krimi sollen die Lesenden (bzw. Zuschauerinnen und Zuschauer) in Spannung gehalten werden. Bei einer Erzählung muss der Höhepunkt jedoch nicht zwingend aus «Action» bestehen; es kann sich auch um eine neue Idee oder eine neue Entwicklung handeln.

Beispiele: Der lange gehegte Kinderwunsch erfüllt sich nun … Mit dem erhofften Job in Berlin klappt es jetzt doch nicht … Auf dem Spaziergang trifft man eine Person, der man bisher immer ausgewichen ist … usw.

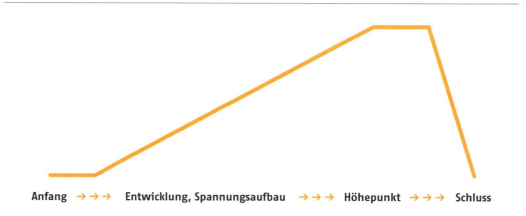

Anfang →→→ **Entwicklung, Spannungsaufbau** →→→ **Höhepunkt** →→→ **Schluss**

Anfang	Entwicklung, Spannungsaufbau	Höhepunkt	Schluss
kurz, direkt, spannend	Nach und nach erfährt man mehr. Die Handlung entwickelt sich. Es kann zu ersten Überraschungen kommen.	Die Entwicklung endet in einem Höhepunkt, der auch ein Wendepunkt sein kann.	Meist sehr kurz. Die Erzählung kann offen oder geschlossen enden.

Figurenkonstellation

Das Zusammenspiel von Haupt- und Nebenfiguren nennt man Figurenkonstellation. Dabei können sich die verschiedenen Figuren an reale Personen anlehnen oder auch ganz frei erfunden sein (fiktive Figuren).

Hauptfiguren, Nebenfiguren

Nebenfiguren werden oft nur angedeutet; die Hauptfigur wird in der Regel genauer beschrieben. Dabei ist es für die Lesenden interessant, wenn sowohl die äusserlichen Merkmale (Alter, Name, Geschlecht, Aussehen, Beruf u. a.) als auch die inneren Wesensmerkmale (Denkweise, Charakter, Ideen, Wünsche u. a.) nach und nach «enthüllt» werden. (Zur inneren und äusseren Charakterisierung siehe auch Seite 63.)

Bei der Charakterisierung ist zudem darauf zu achten, dass das Wesen der Figuren nicht einfach mit Adjektiven beschrieben wird, sondern dass man bestimmte Handlungen und Situationen darstellt, aus denen auf die Eigenschaften der Person geschlossen werden kann. Beispiele:

Eigenschaft der Figur	Beschreibung einer Handlung oder Situation
grosszügig	Typisch Tante Isabella! Sie hat wieder alles bezahlt.
ängstlich	Noch bis in die 3. Klasse musste Dario auf dem Schulweg begleitet werden.
unterstützend	Er war immer für mich da und hat mir viel geholfen.
egoistisch	Sie sorgt immer dafür, dass sie zu ihrer Sache kommt.

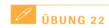

1. Lassen Sie die Eigenschaften durch die Beschreibung einer Handlung und / oder einer Situation erkennen.
2. Vergleichen und besprechen Sie Ihre Lösungen zu zweit oder in der Gruppe.

Eigenschaft der Figur	Beschreibung einer Handlung oder einer Situation
aufgestellt, fröhlich	
unzuverlässig	
kreativ	
mutig	
feinfühlig	
pflichtbewusst	
geizig	
intelligent	
schweigsam	
ungeduldig	

Erzählperspektive

Eine Geschichte kann aus einer subjektiven Perspektive (Ich- bzw. Wir-Formen) oder aus Er-oder Sie-Perspektive erzählt werden.

Ich-Erzählung	Die Hauptfigur erzählt die Geschichte aus ihrer Perspektive. Sie ist gleichzeitig die handelnde Figur.	«Ich konnte es einfach nicht mehr aushalten, zu sehr fühlte ich mich gedemütigt …»
Er-/Sie-Erzählung	Der Erzähler/die Erzählerin schildert, wie die Figuren sind und was sie tun.	«Anna konnte es einfach nicht mehr aushalten, zu sehr fühlte sie sich gedemütigt …»

Wichtig:

In literarischen Texten sind weder die erzählende Person noch die handelnden Figuren mit der Autorin bzw. dem Autor gleichzusetzen. Das «Ich» in einem fiktionalen Text ist also der erfundene Erzähler oder eine Figur, die in der Ich-Form spricht. Das «Ich» ist niemals der Autor oder die Autorin selber.

1. Schreiben Sie die unten stehende Geschichte in die Sie- oder Er-Perspektive um.
2. Erfinden Sie eine Fortsetzung der Erzählung und setzen Sie einen passenden Titel. Achten Sie bei der Fortsetzung auf den Spannungsaufbau.
3. Lesen Sie Ihre Geschichte einer Partnerin/einem Partner vor. Wie kommt sie an?

Du hast bis jetzt immer Glück gehabt in deinem Leben. Weshalb sollte es diesmal anders sein,

sagte ich mir, um meine Unsicherheit zu verdrängen. Es war für mich damals einfach wichtig,

diesen Job zu bekommen. Auch, um meinem Vater zu beweisen, dass ich es geschafft habe. Alles

lief so gut: die Bewerbung, das erste Gespräch, die positiven Signale – ich war voller Hoffnung.

Trotzdem, irgendwie beschlich mich ein ungutes Gefühl, undefinierbare Spuren von Unsicherheit.

Ständig fragte ich mich, ob die Bedenken berechtigt oder bloss Einbildung sind. Von meiner Bewerbung hatte ich niemandem etwas erzählt. Ich wollte diese «Mission» ganz alleine und geheim durchziehen. Und dann in die Gesichter schauen, wenn ich meinen Sieg verkündete. Ja, es wäre wie ein Sieg für mich gewesen, ein Sieg über meine Ängste – und über meinen Vater …

Fortsetzung:

....

....

....

....

....

....

....

Darstellungsformen

Den Autorinnen und Autoren einer Geschichte stehen verschiedene Darstellungsformen zur Verfügung. In längeren Erzählungen kommen die Darstellungsformen oftmals in einem steten Wechsel vor. Das macht die Lektüre abwechslungsreich und spannend.

Form	Beschreibung	Beispiele*
Erzählbericht	Als Erzählbericht bezeichnet man alle Teile, in denen die Handlung geschildert, ein Schauplatz beschrieben oder eine Person charakterisiert wird.	Zwischen den Bäumen hindurch sah ich Monikas gelbe Regenjacke. Ich hatte Wasser für den Kaffee aufgesetzt, als sie mich rief. Der Wald war dicht hier und der Boden mit Fallholz bedeckt …
Direkte Rede	Die Figuren äussern sich direkt zu einem Geschehen; es entsteht ein Dialog. In der Regel ist die direkte Rede mit Anführungs- und Schlusszeichen gekennzeichnet.	«Still», sagte Monika leise, als ich näher kam. Dann sah ich, dass Michael zusammengerollt am Boden lag. «Was hat er?», fragte ich, als ich ihn heftig atmen hörte. «Als er mich sah, ist er weggerannt und dann hingefallen», sagte Monika.
Indirekte Rede	Die erzählende Figur berichtet fast wörtlich, was eine andere Figur sagt (ohne Anführungs- und Schlusszeichen).	Wir hatten Sandra und Michael im Zug kennengelernt. […] Sandra erzählte, sie sei schon viermal in Schweden gewesen, sie habe im Reisesektor gearbeitet, sie liebe den Norden …
Innerer Monolog	Der innere Monolog ist eine Art Selbstgespräch, also ein stummer Dialog mit sich selbst. Dabei geht es um Erinnerungen, Gedanken, Ideen.	Eigentlich war ich nur durch Zufall nach Schweden gekommen. […] In der Mittelschule war ich in Monika verliebt gewesen, aber sie hatte mir in einer traurigen Nacht gesagt, sie liebe mich nicht. […] Das war alles schon Jahre her.

* Aus: Peter Stamm: Jedermannsrecht. Aus: ders.: Blitzeis. Erzählungen. © 1999 by Peter Stamm. Alle Rechte vorbehalten. S. Fischer Verlag GmbH, Frankfurt am Main. S. 43 – 44.

Zeitgestaltung

Bei der Gestaltung der Zeit kann die Autorin / der Autor wählen, ob die Handlung chronologisch erzählt wird oder ob sogenannte Rückblenden und Vorausdeutungen eingebaut werden. Die Rückblende kommt auch in Filmen häufig vor.

Chronologisches Erzählen

Die Handlung folgt dem zeitlichen Ablauf der Ereignisse.

Haupthandlung 1. Schritt	2. Schritt	3. Schritt ...
Wir trafen um 22 Uhr ein,	gingen sofort zum vereinbarten Treffpunkt	und besprachen die weiteren Schritte ...

Rückblende

Die chronologische Erzählung wird unterbrochen; ein Ereignis von früher wird erzählt.

Haupthandlung 1. Schritt	Rückblende	Haupthandlung 2. Schritt
Nun war von Marc weit und breit nichts zu sehen.	Bei der Planung vor zwei Wochen hatten wir abgemacht, dass auch er mitmachen würde.	Wir warteten noch zehn Minuten, dann ging's ohne ihn los ...

Vorausdeutung

Ein Ereignis, das später stattfindet oder stattfinden könnte, wird erwähnt.

Haupthandlung 1. Schritt	Vorausdeutung	Haupthandlung 2. Schritt ...
Wir kontrollierten nochmals das Material und waren alle sehr nervös,	doch am Schluss sollte sich das Risiko gelohnt haben.	Langsam begannen wir, die ersten Meter der Fassade zu erklettern ...

Sprachliche Gestaltung

Bei einer Erzählung ist – im Gegensatz zum Sachtext – Kreativität gefragt; die Freiheit bei der sprachlichen Gestaltung ist daher gross. Ein paar Regeln lassen sich dennoch definieren:

- Sprache und Stil sollen zur Geschichte und zu den Personen passen.
- Für eine Erzählung, die im realen Leben spielt, braucht es eine andere Sprache als für eine reine Fantasiegeschichte. Ein 10-jähriges Kind spricht anders als seine 75-jährige Grossmutter, der 20-jährige Sohn verwendet nicht die gleichen Wörter wie seine Eltern.
- Die Sprache muss lebendig und anschaulich wirken. Dies erreicht man mit passenden Verben, Nomen, Adjektiven, mit direkter und indirekter Rede und mit Abwechslung im Satzbau.
- Sofern passend, sollten kreative Sprachmittel eingebaut werden. Mögliche Mittel sind: alltagssprachliche Wendungen, rhetorische Figuren wie Sprachbilder (Metaphern), Vergleiche, Ironie, Personifizierungen.

ÜBUNG 24

1. Lesen Sie die folgende Erzählung aufmerksam durch und beantworten Sie die Fragen.
2. Vergleichen Sie Ihre Lösungen mit einer Partnerin/einem Partner.

Reifeprüfung

1   Jonas wusste sofort, dass diese SMS von ihr ist. «Ich muss nochmals mir dir reden!» Noch-
2   mals reden? Worüber? Ich habe ihr doch schon alles gesagt. Ich mag nicht mehr reden, schon
3   gar nicht zusammen mit ihren Eltern, wie vor drei Tagen.
4   Die beiden lernten sich vor zwei Jahren an der Berufsschule kennen. Für beide war alles neu
5   – die Lehrstelle, die neuen Kolleginnen und Kollegen, der Start ins Erwachsenenleben, mit
6   all seinen Vor- und Nachteilen. Nicole und Jonas haben sich auf Anhieb verstanden, konn-
7   ten gute Gespräche führen. Sie, die naturverbundene Pferdeliebhaberin; er, der ambitio-
8   nierte Fussballer, sie passten einfach zueinander. Aus Sympathie wurde Freundschaft, aus
9   Freundschaft Liebe. In der Schule und im Betrieb versteckten sie ihre Beziehung anfänglich
10   noch; beide fühlten sich noch so jung und verletzlich. Nach und nach traten sie sozusagen
11   offiziell als Paar auf, beide wollten dazu stehen.
12   Nicole war bereits eine Stunde unterwegs. Allein mit ihrem Pferd durch den Wald reiten, das
13   liebte sie. Plötzlich diese beiden Jogger in farbigen Regenjacken. Die grellen Farben und das
14   abrupte Auftauchen erschreckten das Pferd. Nicole spürte, wie sie das Gleichgewicht und
15   die Orientierung verlor, hörte noch das Wiehern des Pferdes. Dann der harte Aufschlag des
16   Körpers auf dem Waldboden. Danach verlor sie das Bewusstsein.
17   Jonas besuchte sie anfänglich fast jeden Tag im Spital. Später, in der Reha-Klinik, wurden
18   die Besuche spärlicher. Den Anblick von Nicole im Rollstuhl konnte er immer schlechter
19   ertragen. Eine Mischung aus Trauer und Selbstmitleid. Er wusste, die Chancen, dass Nicole
20   jemals wieder gehen konnte, waren vorhanden, doch gering. Sie hingegen glaubte fest an
21   eine Heilung. Das und die fürsorgliche Unterstützung durch ihre Eltern gaben ihr die nötige
22   Kraft.
23   Wahrscheinlich wäre Jonas noch länger mit Nicole zusammengeblieben, wäre da nicht das
24   mit Mara passiert. Bevor er auf die SMS antwortete, musste er mit Mara reden. Obwohl, ihre
25   Antwort war ihm bekannt. Natürlich wollte sie, dass die Trennung endgültig ist. Das hatte sie
26   ihm schon vor einer Woche klipp und klar gesagt. Und es klang für Jonas beinahe wie eine
27   Drohung. Nein, ich muss das selber entscheiden, sagte er sich. Solche schwierigen Gesprä-
28   che gehören schliesslich zum Erwachsenwerden. Und irgendwo habe ich mal gelesen, dass
29   man vor Reifeprüfungen nicht davonlaufen sollte.

Schülerarbeit

Aufgaben und Fragen

1. Welches ist das Hauptthema der Geschichte?

....

....

2. Wie ist der Beginn gestaltet? Wie der Schluss?

....

....

3. Wie sieht die Figurenkonstellation aus?

....

....

4. Es gibt zwei Spannungsbögen. Welche?

....

....

5. Nennen Sie Textstellen mit Überraschungen bzw. Wendepunkten.

....

6. An welchen Stellen erfahren wir direkt, was Jonas denkt bzw. fühlt?

....

7. Was fällt auf bei der Zeitgestaltung (chronologisches Erzählen, Rückblende, Vorausdeutung)?

....

....

8. Welche sprachlichen Gestaltungselemente kommen vor?

....

....

Selber eine Erzählung schreiben

Beim Verfassen einer Erzählung gibt es verschiedene Ausgangspunkte und Vorgehensweisen.

Ausgangspunkte

real ↓ **fiktional**	Variante A	Ausgangspunkt ist ein eigenes spannendes Erlebnis, das man eins zu eins erzählt. Achtung: Obwohl es sich um eine Art Erlebnisbericht handelt, muss sich die sprachliche Gestaltung vom sachlichen Berichtsstil unterscheiden.
	Variante B	Ausgangspunkt ist ein eigenes Erlebnis, das man fantasievoll anreichert und ausschmückt. So können neue Figuren, Schauplätze usw. erfunden werden.
	Variante C	Die Erzählung geht von einer wahren Begebenheit aus, z. B. von einer Zeitungsmeldung. Das Ereignis wird wie in Variante B fantasievoll angereichert und ausgeschmückt.
	Variante D	Man erfindet eine reine Fantasiegeschichte, die im realen Leben spielt oder die mit der Realität überhaupt nichts zu tun hat (z. B. Science-Fiction-Erzählung).

Vorgehensweisen

Schriftstellerinnen und Schriftsteller gehen ganz unterschiedlich an eine Geschichte heran. Einige beginnen mit einer vagen Idee im Kopf gleich mit dem Schreiben; andere erstellen zuerst einen genauen Plan, quasi ein Drehbuch. Diese beiden Arbeitsweisen, die intuitiv-spontane und die systematisch-geplante, können auch bei eigenen Texten angewendet werden. Beim geplanten Vorgehen ist es ratsam, sich mit einer Planungshilfe eine Art Drehbuch zu erstellen.

Im Anhang finden Sie eine Vorlage für die Planungshilfe (Seite 153) sowie ein Instrument zur Beurteilung einer Erzählung (Seite 154). **ANHANG**

 **ÜBUNG 25**

1. Verfassen Sie selber eine Erzählung. Wer sich für ein systematisch-geplantes Vorgehen entscheidet, kann mit der Planungshilfe, Seite 153, zuerst eine Art «Drehbuch» erstellen.
2. Lassen Sie Ihre Erzählung von jemandem beurteilen. Verwenden Sie dazu das Beurteilungsinstrument auf Seite 154 des Anhangs.
3. Überarbeiten Sie die Erzählung aufgrund des Feedbacks.

1.6   Die Facharbeit

Was ist eine Facharbeit?

Unter einer Facharbeit versteht man eine längere schriftliche Dokumentation zu einem bestimmten Thema, z. B. eine Semesterarbeit, eine Vertiefungsarbeit, eine Diplom- oder Maturaarbeit. Oftmals werden bei der Auftragserteilung auch die Anforderungen bezüglich Inhalt, Umfang, Form und Sprache bekannt gegeben.

Allgemeine Anforderungen

- Die Arbeit behandelt die wesentlichen Aspekte des Themas.
- Die Arbeit stellt die verschiedenen Aspekte differenziert dar.
- Die Arbeit besteht vorwiegend aus Eigenleistungen.
- Fremde Texte sind deutlich gekennzeichnet (Quellenangaben).
- Der verlangte Umfang wird weder unterschritten noch wesentlich überschritten.
- Die Arbeit erfüllt die definierten formalen Kriterien wie Format, Schriftart, Schriftgrösse, Zeilenabstand, Seitenränder, Gestaltung Titelblatt, Kapitelnummerierung, Seitenangaben u. a.
- Die Arbeit ist in einem einheitlichen Sprachstil verfasst.
- Der Text ist fehlerfrei (Rechtschreibung, Zeichensetzung, Grammatik).
- Die Arbeit wird termingerecht eingereicht.

Redlichkeitserklärung

Am Schluss der Facharbeit bestätigt die Verfasserin bzw. der Verfasser das selbstständige Erstellen und die korrekten Quellenangaben mit folgendem (oder einem ähnlichen) Hinweis: *«Hiermit bestätige ich, dass ich die vorliegende Arbeit selbstständig verfasst habe. Ich habe nur die angegebenen Quellen verwendet und alle Zitate sind als solche deutlich gekennzeichnet.»* (Ort, Datum; Unterschrift)

Acht Arbeitsschritte

Das Erstellen einer Facharbeit ist ein längerer Arbeitsprozess. Daher sind ein systematisches Vorgehen sowie eine sorgfältige Planung von grosser Bedeutung. Die wichtigsten Schritte sind:

1. Thema genau erfassen
2. Arbeitsplan erstellen
3. Informationen sammeln
4. Informationen auswählen
5. Disposition erstellen
6. Rohfassung schreiben
7. Text redigieren
8. Schlusskontrolle vornehmen

1. Schritt: Thema genau erfassen

Bei Themen, die man nicht selber bestimmen kann, ist der erste Schritt die präzise Analyse des Themas. Worum geht es genau? Habe ich/haben wir die Aufgabenstellung genau verstanden? Was wird verlangt? Was ist das zentrale Thema? Welches sind Nebenthemen?

Arbeitsmethoden: Mindmap, Cluster, Grafik mit Oberbegriffen / Unterbegriffen, Schaubilder, Liste mit Fragen.

Hinweis: Wenn Sie das Thema selber bestimmen können, wählen Sie weder ein allzu grosses (z. B. Schweizer Sozialpolitik) noch ein zu enges Thema (z. B. Die drei Säulen der AHV). Geeignet für eine Facharbeit wäre hier das Thema «Altersvorsorge in der Schweiz».

2. Schritt: Arbeitsplan erstellen

Der zweite Schritt besteht darin, den Zeitbedarf einzuschätzen und die Planung zu erstellen. Legen Sie fest, wie viel Zeit Sie für die einzelnen Schritte investieren wollen. Planen Sie genügend Zeit für den Feinschliff (Textredaktion und Schlusskontrolle) und rund 20 Prozent Pufferzeit für Unvorhergesehenes ein.
Methode: Erstellen eines übersichtlichen Zeit- und Arbeitsplans

Ein Beispiel einer Zeit- und Arbeitsplanung finden Sie im Anhang, Seite 157. ➡ ANHANG

3. Schritt: Informationen sammeln

Der wichtigste Tipp vorab: Beginnen Sie mit der Informationssuche nicht im Internet. Die Gefahr, dass Sie sich buchstäblich «im Netz verfangen» und dadurch viel Zeit verlieren, ist zu gross. Sammeln Sie zuerst alles, was Ihnen spontan zum Thema einfällt. Die A–Z–Liste (siehe Anhang, Seite 139) regt das Brainstorming an. Markieren Sie auf der Liste die wichtigsten Aspekte des Themas. Beginnen Sie danach auf der Grundlage der gesammelten Stichwörter mit der eigentlichen Recherche. Neben dem Internet stehen folgende Quellen zur Verfügung:

- Fachbücher, Lehrmittel
- Zeitungen und Zeitschriften
- Nachschlagewerke und Wörterbücher
- Geschäftsberichte, Broschüren, Werbematerial
- Fachpersonen (Befragungen, Interviews, Gespräche)

Tipps zum Recherchieren im Internet
Das Recherchieren im Internet ist heute die beliebteste Form der Informationsbeschaffung – und gleichzeitig einer der grössten Zeitkiller. Gehen Sie also gezielt vor. Hier ein paar nützliche Tipps:
- Geben Sie spezifische statt allgemeine Begriffe ein. Beispiel: «Latin House» statt «Musikstile»
- Geben Sie statt nur eines Stichwortes verschiedene Begriffe ein. Beispiel: «aktuelle Trends im Tourismus» statt «Tourismus»
- Wenn Sie den Begriff oder die Begriffe in Anführungs- und Schlusszeichen setzen, erhalten Sie nur die Websites, in denen genau die Formulierung vorkommt. Beispiel: «Therapiemöglichkeiten bei einem Burn-out»
- Grenzen Sie die Suche ein, indem Sie beim Suchdienst «Seiten auf Deutsch» anklicken.
- Schätzen Sie die Website ein: professioneller Auftritt? aktuell? übersichtlich? Qualität der Texte, Grafiken, Bilder? – Meiden Sie mit Werbung vollgestopfte Websites.
- Prüfen Sie, ob das Thema sachlich-neutral und differenziert oder einseitig und plakativ dargestellt wird.
- Prüfen Sie auch die Sprache. Handelt es sich um komplizierte wissenschaftliche, um allgemein verständliche oder um salopp verfasste Texte?
- Stellen Sie Fragen nach der Vertrauenswürdigkeit: Wer steht hinter der Website? Wer sind die Autorinnen und Autoren? Wie ist die Qualität der Links?

Bekannte Suchdienste: www.google.ch / www.yahoo.com / www.altavista.ch

Im Anhang, Seite 157, finden Sie eine Liste mit nützlichen Websites für die Recherche von inhalt- ➡ ANHANG
lichen Themen sowie für Sprachliches.

4. Schritt: Informationen auswählen

Die grosse Herausforderung besteht im Weglassen. «Mut zur Lücke» heisst das Motto. Fragen Sie sich: Was sind die zentralen Aspekte des Themas? Was sind Oberbegriffe? Was sind Unterbegriffe? Was muss zwingend in die Arbeit? Was kann weggelassen werden? – Achten Sie dabei auf den vorgegebenen bzw. geplanten Umfang der Facharbeit.

Bei der Auswahl der Informationen ist ebenfalls zu beachten, dass ein Thema in der Regel von verschiedenen Seiten her beleuchtet werden muss: historische, politische, finanzielle, gesellschaftliche, kulturelle und weitere Aspekte müssen also von Anfang an einbezogen werden.

Methode: Schreiben Sie die verschiedenen Themen auf Zettel (nur ein Thema pro Zettel). Sortieren Sie diese nach der Wichtigkeit (siehe Fragestellungen oben). In einem nächsten Schritt können die ausgewählten Zettel in eine Reihenfolge gebracht werden, die dann der Reihenfolge der Kapitel der Arbeit entsprechen. Damit entsteht eine erste, provisorische inhaltliche Gliederung.

5. Schritt: Disposition erstellen

Die Disposition kann erst erstellt werden, wenn man sich schon einigermassen gut mit dem Thema auskennt. Sie dient der weiteren Konkretisierung der Arbeit, kann aber zu einem späteren Zeitpunkt noch verändert werden. In der Regel muss man die Disposition mit der Betreuungsperson besprechen und sie genehmigen lassen.

Folgende Punkte gehören in die Disposition:
- Provisorischer Titel der Arbeit (= Arbeitstitel)
- Fragestellung: Was ist die zentrale Frage? Welche Fragen möchte ich beantworten?
- Ziele: Was will ich herausfinden? Was will ich aufzeigen? Was will ich erreichen?
- Bedeutung des Themas: Welche Bedeutung hat das Thema für meinen Beruf, für die Gesellschaft? Was interessiert mich persönlich am Thema?
- Provisorisches Inhaltsverzeichnis: Einleitung, Hauptteil mit Kapiteln und Unterkapiteln, Schluss
- Grundlagen: Welche Unterlagen werde ich für die Arbeit verwenden?
- Arbeitsplan (siehe Anhang, Seite 157)

Definieren Sie in dieser Phase auch die Text- und Darstellungsformen: Bericht, Interview, Zusammenfassung, Umfrage; Bilder, Diagramme, Grafiken, Schaubilder u. a. Falls es sich um eine Partner- oder Gruppenarbeit handelt, sollten Sie zudem abmachen, wer bis wann welche Arbeiten erledigen muss. Vermerken Sie die Namen im Arbeitsplan (siehe Anhang, Seite 158).

Layout
Richten Sie in dieser Phase das Layout gemäss Vorgaben ein. Falls das Layout nicht definiert ist, können Sie sich an folgende Empfehlungen halten:
- Schrifttypen: Arial, Helvetica oder Times New Roman
- Schriftgrösse: Text: 11 oder 12; Zwischentitel: 14 oder 16; Tabellenbeschriftungen: 9 oder 10
- Zeilenabstand: 1.0, 1.15 oder 1.20
- Seitenränder: links 3 cm, rechts 2 cm; oben und unten je 2.5 cm
- Textausrichtung: linksbündig, Blocksatz, einspaltig
- Aufzählungszeichen: – / · / •
- Hervorhebungen: **fett** und/oder *kursiv*. Verzichten Sie auf GROSSBUCHSTABEN, S p e r r u n g e n.
  Kopfzeile: links Titel der Arbeit; rechts Kapitelname
- Fusszeile: Seitennummerierung (Mitte oder rechts)

6. Schritt: Rohfassung schreiben

Auf der Grundlage der Disposition können Sie nun die Rohfassung schreiben. Dies ist der anspruchsvollste und zeitintensivste Teil der Arbeit. Sie brauchen dazu Kenntnisse aus der Stilistik, der Textlehre, der Rechtschreibung, der Zeichensetzung und der Grammatik. Werden Texte aus verschiedenen Quellen zusammengefügt, entsteht oftmals ein sprachliches Flickwerk mit unschönen Stilbrüchen. Achten Sie daher von Anfang an auf einen einheitlichen Schreibstil.

Einleitung und Schluss sollten aus einer persönlichen Perspektive (Ich-/Wir-Formen), der Hauptteil aus einer neutralen Perspektive verfasst sein (siehe Seite 156).

In einer Facharbeit können folgende Textsorten zur Anwendung kommen: Bericht, Porträt, Zusammenfassung (z.B. eines Gesprächs), Interview, Umfrage, Erörterung mit überzeugender Argumentation. Achten Sie auf die Unterscheidung: subjektives Urteil, subjektive Meinung, Tatsachenaussage (siehe Seite 69).

Beachten Sie schon beim Erstellen der Rohfassung die Grundsätze und Formen des Zitierens von Quellenmaterial.

Richtig zitieren

Grundsätze:
- Mit Zitaten sparsam umgehen. Die Arbeit soll keine Zitatensammlung sein.
- Die Zitate müssen gut in den Text eingebettet sein und zum Thema passen.
- Wörtliche Zitate müssen immer deutlich gekennzeichnet sein. Wer fremde Texte einfach abschreibt und als eigene Leistung ausgibt, riskiert, dass die ganze Arbeit als Plagiat (= Arbeit, die durch unberechtigte Übernahme fremder Texte und Ideen entstanden ist) abgelehnt wird.

Wörtliche Zitate	Wörtliche Zitate stehen in Anführungs- und Schlusszeichen. Die hochgestellte Ziffer 5 unmittelbar nach dem Zitat verweist auf das Quellenverzeichnis. Beispiel: «Was Banken so speziell macht, lässt sich in einer einfachen Feststellung zusammenfassen: Sie sind deutlich stärker verschuldet als alle anderen Unternehmen.»[5] (Brunetti, S. 19)
Auslassungen	Auslassungen innerhalb des Zitats zeigt man an mit […]. «Was Banken so speziell macht […]: Sie sind deutlich stärker verschuldet als alle anderen Unternehmen.»[5] (Brunetti, S. 19)
Indirekte Zitate	Wird indirekt zitiert, braucht es keine Anführungs- und Schlusszeichen: Speziell sei, dass Banken stärker verschuldet seien alle andere Unternehmen, schreibt Brunetti.[5] (S. 19)
Abkürzungen	Als Abkürzungen verwendet man: S. (Seite), f. für folgende Seite (Seite 86 f.) / ff. für folgende Seiten (S. 142 ff.).
Wiederholungen	Wird aus demselben Werk nacheinander wiederholt zitiert, kürzt man die Zitierung ab mit a.a.O. S. 19 (a.a.O. = am angeführten Ort).
Titel	Titel von Büchern, Artikeln, Filmen usw. stehen immer in Anführungs- und Schlusszeichen. Im Buch «Wirtschaftskrise ohne Ende» beschreibt Brunetti …

7. Schritt: Text redigieren

Für die Textredaktion sollten Sie genügend Zeit einplanen. Konzentrieren Sie sich in diesem Durchgang vor allem auf den Inhalt und die Sprache. Beachten Sie folgende Tipps und arbeiten Sie mit einer Checkliste (siehe unten).

Tipps
- Zoomen Sie beim Korrekturlesen die Seitengrösse auf 150 bis 200 Prozent.
- Arbeiten Sie mit dem Korrekturprogramm.
- Kontrollieren Sie den Text nicht nur am Bildschirm, sondern auch auf Papier.
- Wählen Sie für die Textprüfung eine Zeit, zu der Sie sich sehr gut konzentrieren können (frühmorgens, nachts …); legen Sie nach zirka einer halben Stunde eine Pause ein.
- Lassen Sie die Arbeit von einer anderen Person kontrollieren, denn die eigenen Fehler überliest man gerne.
- Arbeiten Sie die Änderungen und Korrekturen Abschnitt für Abschnitt sorgfältig in das Dokument ein.

ANHANG →ı   Im Anhang, Seite 158, finden Sie eine Checkliste für die Textredaktion. Damit können Sie vor der Schlusskontrolle den Inhalt und die Sprache anhand von Leitfragen nochmals genau prüfen.

8. Schritt: Schlusskontrolle vornehmen

Die Arbeit wird ein letztes Mal genau durchgesehen und geprüft. Achten Sie jetzt vor allem auf Formales.

ANHANG →ı   Auch dazu finden Sie im Anhang, Seite 158, eine nützliche Checkliste.

ANHANG →ı   Studieren Sie das Orientierungsbeispiel für den Aufbau und die Gestaltung einer Facharbeit im Anhang, Seite 159 – 162.

1. Beantworten Sie die unten stehenden Fragen. Studieren Sie dazu auch die Seiten 157 ff. im Anhang.

2. Vergleichen und besprechen Sie Ihre Lösungen zu zweit oder in der Gruppe.

ÜBUNG 1

1.	Welche Begriffe werden für die Facharbeit auch verwendet?	
2.	Welche Anforderung in Bezug auf die Eigenleistung muss erfüllt sein?	
3.	Welches sind die beiden ersten Arbeitsschritte?	
4.	Beschreiben Sie den ersten Schritt bei der Informationssammlung.	
5.	Wie kann man bei der Recherche im Internet den Suchbereich eingrenzen?	
6.	Weshalb wäre ein Thema wie «Die Jugend» nicht geeignet für eine Facharbeit?	

7. Worauf muss bei der Auswahl der Informationen geachtet werden?

8. Ein Thema sollte von verschiedenen Seiten beleuchtet werden. Was ist damit gemeint?

9. Welche Text- und Darstellungsformen können in einer Facharbeit vorkommen?

10. Worauf ist beim Schreiben der Rohfassung besonders zu achten?

11. Wie lauten die drei wichtigsten Grundsätze für das Zitieren?

12. Was versteht man unter einem Plagiat?

13. Wie werden Auslassungen innerhalb eines zitierten Textes gekennzeichnet?

14. Was bedeutet die Abkürzung
S. 145 ff.?

15. Weshalb sollte die Arbeit auch von
einer anderen Person durchgesehen
werden?

16. Worauf ist bei Bildern und Diagrammen besonders zu achten?

17. Was gehört auf das Titelblatt einer
Facharbeit?

18. In welche drei Abschnitte ist die
Einleitung aufgeteilt?

19. Wie werden im Literaturverzeichnis
Artikel aus dem Internet korrekt
angegeben, wenn der Autor oder die
Autorin bekannt ist?

20. Aus welcher Perspektive wird der
Schlussteil verfasst? Welche Aspekte
können darin vorkommen?

2 Kommunikation

2.1   Formen menschlicher Kommunikation   94

2.2   Sprache und Wirkung   95

2.3   Kommunikationsmodelle   96

2.4   Verbale und nonverbale Kommunikation   101

2.5   Feedback   106

2.6   Die Diskussion   109

2.1 Formen menschlicher Kommunikation

ÜBUNG 1

1. Lesen Sie den folgenden Text aufmerksam durch.
2. Beantworten Sie anschliessend die beiden Fragen A und B.
3. Vergleichen und diskutieren Sie Ihre Antworten mit einem Partner/einer Partnerin.
4. Setzen Sie anschliessend die fehlenden Begriffe in die Übersicht ein.

Tanz der Bienen

Der Mensch hat sich zwar als einziges Lebewesen ein abstraktes sprachliches Zeichensystem geschaffen, doch auch Tiere können kommunizieren. Bekannt ist die Tanzsprache der Bienen. Mit bestimmten Bewegungsformen teilt eine Honigbiene anderen Sammelbienen mit, wo sich eine ergiebige Futterquelle befindet. Es gibt zwei Grundformen: *Rundtanz* und *Schwänzeltanz.* Beim Rundtanz läuft die Biene für bis zu drei Minuten in einem kleinen Kreis herum und ändert dabei ab und zu ihre Drehrichtung. Sie erregt damit die Aufmerksamkeit anderer Sammlerinnen, die mit ihren Fühlern möglichst nahe am Hinterleib der Tänzerin bleiben und ihre raschen Bewegungen mitverfolgen. Durch den engen Fühlerkontakt nehmen die nachlaufenden Sammlerinnen den Geruch der besuchten Pflanze wahr und können diese rasch auffinden. Liegen die Futterquellen weiter vom Bienenstock entfernt, wird mit dem Schwänzeltanz kommuniziert. Die Anzahl der Tanzwendungen (rechts-links, links-rechts) in einer bestimmten Zeiteinheit gibt die Entfernung der Pflanze an. Zudem spielen der Sonnenstand, die Tanzfiguren und der Tanzrhythmus eine wichtige Rolle. (Verschiedene Filmbeiträge dazu findet man auf www.youtube.com.)

Frage A: Angenommen, die Bienen hätten die gleichen Kommunikationsmöglichkeiten wie wir Menschen: Wie könnten sie einander über die Futterquellen informieren?

....

....

Frage B: Welche technischen Hilfsmittel könnten die (Menschen-)Bienen einsetzen?

....

....

Übersicht menschliche Kommunikation

schriftlich	nicht-schriftlich	
	.... (verbal)	nicht-mündlich (....................)
Mittel: Buchstaben	**Mittel:** .... Wörter Sätze	**Körpersprache:** Mimik ....
Texte		Körperbewegung

2.2 Sprache und Wirkung

Äusserungen finden selten isoliert statt. In der Regel sind sie an jemanden adressiert und lösen Aktionen und Reaktionen aus. Wie unterschiedlich sprachliche Äusserungen wahrgenommen werden können, soll die folgende Übung veranschaulichen.

 **ÜBUNG 1**

Gehen Sie von folgender Situation aus: Mittagspause. Sie gehen zum Snack-Shop, um ein Sandwich zu kaufen. Dabei können Sie das Sandwich ganz unterschiedlich bestellen.
1. Setzen Sie in der unten stehenden Tabelle ein, welche Wirkung die verschiedenen Sätze auf die Verkäuferin oder den Verkäufer haben könnten. Die gegebenen Begriffe können mehrfach eingesetzt und beliebig kombiniert werden.
2. Entscheiden Sie anschliessend, welche Formen zur Situation passen und welche eher nicht.
3. Vergleichen und diskutieren Sie Ihre Lösungen zu zweit oder in der Gruppe.

Für die Beschreibung der Wirkung stehen folgende Begriffe zur Verfügung:
arrogant, bestimmt, direkt, fordernd, freundlich, umständlich, unfreundlich, unsicher, unterwürfig, zurückhaltend. Andere Beschreibungen sowie Verstärkungen mit «sehr» (z. B. sehr fordernd) sind ebenfalls möglich.

Äusserung	Mögliche Wirkung auf die Verkäuferin/den Verkäufer	passend	unpassend
Ein Sandwich!		☐	☐
Das hier … ja … so ein Sandwich …		☐	☐
Ich will ein Sandwich.		☐	☐
Ich bekomme ein Sandwich.		☐	☐
Ich nehme ein Sandwich.		☐	☐
Ein Sandwich, bitte.		☐	☐
Ich hätte gerne ein Sandwich, bitte.		☐	☐
Würden Sie mir bitte ein Sandwich geben?		☐	☐
Dürfte ich bitte ein Sandwich haben? Herzlichen Dank!		☐	☐
Hätten Sie die Freundlichkeit, mir ein Sandwich zu geben?		☐	☐

2.3   Kommunikationsmodelle

Grundmodell

Der Grundvorgang der zwischenmenschlichen Kommunikation kann einfach beschrieben werden: Ein Sender/eine Senderin teilt etwas mit. Als Medium dient die Sprache. Ein Empfänger/eine Empfängerin nimmt die Nachricht auf und reagiert eventuell darauf mit einer Nachricht an den Absender/die Absenderin.

Der wechselseitige Austausch von Nachrichten wird auch als **Interaktion** bezeichnet.

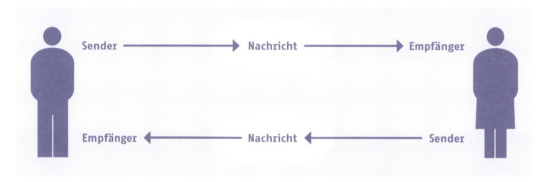

Eine Interaktion kann nur erfolgreich sein, wenn Sender/in und Empfänger/in sich sprachlich verstehen. Störungen können auftreten, wenn die beiden nicht dieselbe Sprache sprechen, wenn die Botschaft akustisch nicht ankommt oder inhaltlich nicht verstanden wird.

Inhalts- und Beziehungsaspekt

Menschliche Kommunikation ist aber mehr als der reine Austausch von Botschaften. Wenn Menschen kommunizieren, sind auch immer Gefühle mit im Spiel. Der bekannte Verhaltens- und Kommunikationsforscher Paul Watzlawick (1921–2007) hat dies mit folgendem Beispiel illustriert: Frau A. deutet auf die Halskette von Frau B. und fragt: «Sind das echte Perlen?» – Je nach Situation, Tonfall und Mimik kann diese Frage bei Frau B. unterschiedliche Reaktionen auslösen: «Ja, die sind echt.» (sachlich)/«Sicher, was meinen Sie denn?» (beleidigt)/«Neidische Kuh!» (aggressiv).

Jede Kommunikation hat nach Watzlawick zwei Ebenen: eine **Inhaltsebene** und eine **Beziehungsebene**. Ein Beispiel aus Ihrem Arbeitsumfeld: Ihre Ausbildnerin sagt zu Ihnen: «Ich möchte von Ihnen bis 11 Uhr den Briefentwurf.»

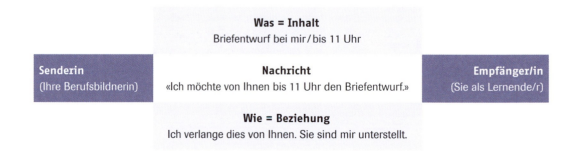

Oft spielt die Beziehungsebene eine wichtige Rolle. Dies wird deutlich, wenn wir in unserem Beispiel Sender und Empfänger austauschen: Sie als Lernende sagen also den gleichen Satz («Ich möchte von Ihnen bis 11 Uhr den Briefentwurf») zu Ihrer Berufsbildnerin. Auf der Inhaltsebene bleibt alles gleich. Trotzdem würde Ihre Äusserung wohl eine heftige Diskussion darüber auslösen, wer von wem was verlangen darf …

Auch bei schriftlichen Interaktionen gibt es Inhalts- und Beziehungsaspekte. Nehmen wir an, Sie schreiben einem Kunden: «Ihre ständigen Reklamationen nerven uns langsam!» Wie kommt das wohl an? Eine Antwort auf der Sachebene dürfen Sie in diesem Fall sicher nicht erwarten.

 **ÜBUNG 1**

1. Schreiben Sie die vier Sätze aus einer Zahlungsmahnung so um, dass nicht mehr die Beziehung, sondern die Sache im Vordergrund steht.
2. Vergleichen Sie Ihre Lösungsvorschläge mit einer Partnerin/einem Partner.

Beziehungsebene (emotional)	Sachebene
Typisch! Schon wieder sind Sie mit Ihrer Zahlung in Verzug.	
Schon bei den beiden letzten Rechnungen mussten wir Sie mahnen. So geht das einfach nicht.	
Denken Sie ja nicht, dass wir Ihnen mit einer Ratenzahlung entgegenkommen.	
Wenn das Geld bis Freitag nicht bei uns ist, müssen Sie mit unangenehmen Konsequenzen rechnen.	

Das Kommunikationsquadrat

Der Kommunikationspsychologe Friedemann Schulz von Thun hat frühere Modelle zu einem Kommunikationsquadrat erweitert. Das Modell macht deutlich, dass bei jedem kommunikativen Akt gleichzeitig vier Ebenen bzw. Seiten im Spiel sind.

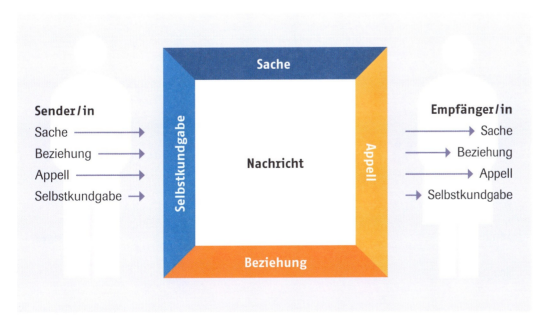

Sachebene	Auf dieser Ebene informieren wir über den Sachverhalt (Daten, Fakten). Es gilt, den Sachverhalt klar und verständlich zu vermitteln.
Selbstkundgabeebene	Diese Seite enthält alles, was die Senderin von sich – meist unbewusst – zeigt: Befindlichkeit, Gefühle, Persönlichkeit u.a.
Beziehungsebene	Auf dieser Ebene sagt die Senderin indirekt etwas aus über ihre Beziehung zum Empfänger: Position, Wertschätzung, Respekt, Offenheit u.a.
Appellebene	Diese Seite umfasst die Absichten der Senderin. Was will sie vom Empfänger? Wozu will sie ihn bewegen? Der Appell kann offen oder verschlüsselt erfolgen.

Übertragen auf das bereits bekannte Beispiel sehen die vier Seiten einer Nachricht wie folgt aus:

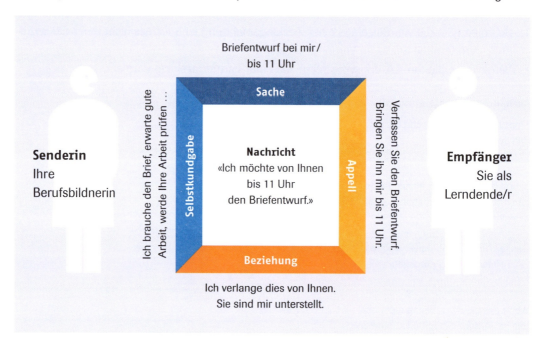

Vier Schnäbel und vier Ohren

Die vier Ebenen sind bei jedem kommunikativen Vorgang im Spiel, und zwar sowohl auf der Seite des Senders als auch auf der Seite des Empfängers. Aus der Sicht des Senders spricht man vom Vier-Schnäbel-Modell, aus der Sicht des Empfängers vom Vier-Ohren-Modell.

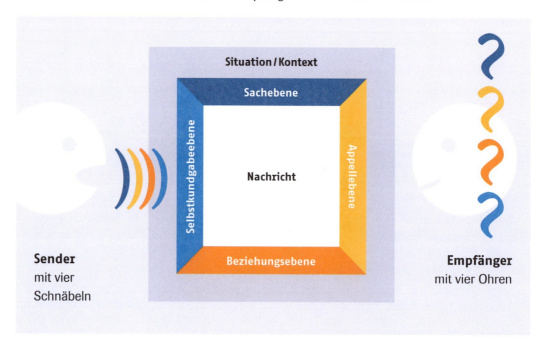

Je nach Kontext können die vier Seiten von sehr unterschiedlicher Bedeutung sein. Zum Kontext gehören Personen, Gesprächsform, Ort, Zeit, Beziehungen der Beteiligten, Gemütszustand, Gefühle usw. In einem privaten, vertraulichen Gespräch kann jemand beispielsweise sehr viel von seiner Persönlichkeit zeigen (Selbstkundgabe). Oder Eltern betonen bei Zurechtweisungen ihrer Kinder die Autorität (Beziehungsebene). Besorgte Bürgerinnen und Bürger fordern die Politikerinnen und Politiker auf, etwas gegen die Umweltverschmutzung zu tun (Appell).

Ohrentypen

Auf der Empfängerseite können die vier Ohren je nach Situation und Mensch unterschiedlich offen und empfindlich sein. Je nachdem, welches Ohr «auf Empfang gestellt ist», kommt eine Botschaft ganz verschieden an und löst dementsprechende Reaktionen aus. Die folgende Tabelle zeigt typische Merkmale der verschiedenen «Ohrentypen» auf.

Ohrentyp	Merkmale
Sachohr-Typ	Der Sachohr-Typ konzentriert sich auf den Sachinhalt, fragt nach Daten und Fakten. Gefühle und Beziehungen werden so gut wie möglich ausgeblendet, Anspielungen und Untertöne überhört. Bei Konfliktgesprächen versucht der Sachohr-Typ, immer auf die Sachebene zurückzukommen.
Beziehungsohr-Typ	Der Beziehungsohr-Typ achtet stark darauf, wie jemand etwas sagt (Tonfall, Lautstärke), und macht sich stets Gedanken über seine Beziehung zu den anderen. Es kann so weit kommen, dass der Beziehungsohr-Typ den Inhalt gar nicht richtig registriert, alles persönlich nimmt und rasch beleidigt ist.
Appellohr-Typ	Der Appellohr-Typ hört in Gesprächen schnell eine Aufforderung oder Erwartung heraus. Eine entsprechende Reaktion kann sein, dass er sich sofort abgrenzt und wehrt oder durch den Wunsch, es allen recht zu machen, mit Unruhe, Hektik oder Stress reagiert.
Selbstkundgabeohr-Typ	Der Selbstkundgabeohr-Typ konzentriert sich darauf herauszufinden, was der Sender durch seine Äusserungen von sich zeigt. Er hört wie in einem Therapiegespräch aufmerksam zu und beobachtet genau. Er richtet seinen Fokus auf die Person, weniger auf den Inhalt des Gesprächs.

In der Realität kommen die verschiedenen Typen nicht in diesen Reinformen vor; in der Regel sind gleichzeitig immer alle vier Seiten beteiligt. Doch ein bestimmter «Sender-Schnabel» bzw. ein bestimmtes «Empfangs-Ohr» kann je nach Situation stärker in den Vordergrund treten.

 TIPP

Anwendung im Alltag

Das Wissen über die verschiedenen Aspekte der Kommunikation hilft Ihnen, in beruflichen und privaten Gesprächen den richtigen Ton zu treffen. Sie können zudem das eigene Gesprächsverhalten und das der anderen besser analysieren. Gerade bei einem Konfliktgespräch ist es wichtig, darauf zu achten, dass trotz starker Emotionen das Gespräch immer wieder auf die Sachebene gelenkt wird.

ÜBUNG 2

1. Welcher Ohrentyp sind Sie? – Schätzen Sie sich selber ein.
2. Lassen Sie sich in Bezug auf den Ohrentyp von einer Kollegin/einem Kollegen einschätzen.
3. Können Sie sich an Situationen im geschäftlichen Kontext erinnern, in denen die Appellebene im Vordergrund stand? – Diskutieren Sie mit einer Partnerin/einem Partner darüber.
4. Erinnern Sie sich an Gespräche im privaten Kontext, bei denen die Beziehungsebene im Vordergrund stand? Besprechen Sie solche Situationen mit einer Partnerin/einem Partner.
5. Worauf werden Sie bei Ihrem nächsten Gespräch mit Ihrer Berufsbildnerin/Ihrem Berufsbildner besonders achten? Notieren Sie ein paar Punkte.

6. Setzen Sie in der unten stehenden Tabelle ein, welche Seite der Kommunikation im Vordergrund steht (= primärer Aspekt) und welche ebenfalls eine Rolle spielt (= sekundärer Aspekt). Begriffe: Sache, Beziehung, Appell, Selbstkundgabe.

Senderin Sender	Äusserung	Primärer Aspekt (sekundärer Aspekt)	Empfängerin Empfänger
	Das Spiel beginnt um 16 Uhr.	Sache (Appell)	
	Kommen Sie bitte pünktlich zum Unterricht.		
	Ich vermisse dich sehr!		
	Hier bin ich der Chef!		
	Wie spät ist es jetzt?		
	Ich fühle mich unfair behandelt.		
	Lösen Sie diese Aufgabe zu zweit.		
	Wir schätzen deine Offenheit sehr.		
	Ich bin vor Prüfungen immer sehr nervös.		
	Sie müssen sich mehr anstrengen.		
	Am liebsten mag ich den Sommer.		
	Dieser Anzug ist zu gross für dich.		

2.4 Verbale und nonverbale Kommunikation

Was unterscheidet gute Rednerinnen und Redner von weniger überzeugenden? Weshalb hängt man gewissen Personen buchstäblich an den Lippen? – Beim Kommunizieren sind Inhalt und Form wichtig. Es kommt nicht nur darauf an, was man sagt, sondern auch darauf, wie man etwas sagt. Neben dem Inhalt spielen also verbale und nonverbale Aspekte eine Rolle. Zu den verbalen Bereichen gehören Aussprache, Lautstärke, Sprechtempo und Sprechmelodie; zu den nonverbalen Mimik, Gestik und Körperhaltung. Der Gesamteindruck entsteht durch das Zusammenspiel von Inhalt, verbalen Aspekten und nonverbalen Signalen.

➡ TIPPS

Aussprache Sprechen Sie deutlich!	• Verschlucken Sie keine Buchstaben: Hauptdarsteller (nicht Haupdarsteller); einundzwanzig (nicht einunzwanzig); Arztbesuch (nicht Arzbesuch); Abendkurs (nicht Abenkurs); alarmieren (nicht alamieren), Unfall (nicht Umfall) usw. • Betonen Sie Endbuchstaben deutlich: knapp, Abschnitt, nachtragend. Wer ist damit gemeint? Neid endet oft mit Streit. • Verschmelzen Sie die Wörter nicht: an | alle (nicht analle); am | Ende (nicht amEnde); beim | Essen (nicht beimEssen) das | Sieb (nicht dasSieb) • Unterscheiden Sie deutlich: **dass** (kurzes a, scharfes s wie «Fass») und **was** (langes a, weiches s wie «lesen») • Sprechen Sie lange geschlossene e-Laute korrekt aus: Erzählung, nicht Ärzählung. Auch müssen kurze und lange Vokale unterschiedlich tönen: Meer – Herr / Fieber – Hitze / Kahn – kann • Sprechen Sie Sätze konzentriert und verständlich bis zum Schluss.
Lautstärke Sprechen Sie angemessen laut!	• Die Lautstärke muss den Umständen angepasst sein. • Achten Sie beim «Einstellen» der Lautstärke auf folgende Rahmenbedingungen: Raumgrösse, geschlossener/offener Raum, Lärmquellen, Anzahl Personen, Abstand zu den Personen
Sprechtempo Sprechen Sie langsam!	• Die meisten reden zu schnell, vor allem bei Nervosität (z. B. in Prüfungen). • Ziehen Sie bewusst die Bremse an. Wenn Sie das Gefühl haben, Sie sprechen zu langsam, ist es gerade richtig!
Melodie Betonen Sie natürlich!	• Mit der Sprechmelodie können Sie Schlüsselwörter betonen, ein Erstaunen, eine Frage, einen Ausruf markieren. • Die Melodie muss natürlich wirken. Pendeln Sie die Sprechmelodie ein zwischen monoton-regelmässig und übertrieben-aufgeregt. • Vermeiden Sie: «Singsang-Betonung», «Märchentanten-Ton», «Lautsprecher-Säuseln».
Rhythmus Sprechen Sie in einem ruhigen Rhythmus!	• Der Rhythmus entsteht durch das Zusammenwirken von Sprechtempo, Redefluss, Pausen, Betonung und Atmung. • Wenn Sie auf die oben genannten Punkte und zusätzlich auf eine ruhige, regelmässige Atmung achten, entsteht ein angenehmer Sprechrhythmus.

ÜBUNG 1

1. Lesen Sie die unten stehenden Schnellsprechsätze und Zungenbrecher für sich leise in einem «Z-e-i-t-l-u-p-e-n-t-e-m-p-o» durch. Konzentrieren Sie sich dabei auf jedes einzelne Wort.
2. Erhöhen Sie nach einem ersten Durchgang das Tempo und die Lautstärke.
3. Lockern Sie zwischendurch die Gesichtsmuskulatur durch Mundgymnastik (starkes Bewegen von Kiefer, Zunge, Lippen in verschiedene Richtungen).
4. Markieren Sie die Textstellen, an denen Sie immer wieder anstossen.
5. Üben Sie die markierten Stellen bzw. Wörter besonders konzentriert.
6. Üben Sie, bis Sie die Sätze in einem mittleren bis hohen Tempo fehlerfrei lesen können.
7. Arbeiten Sie nun mit einem Partner/einer Partnerin zusammen. Lesen Sie einander die Sätze laut vor.
8. Wählen Sie einen Satz aus, den Sie bei Ihrem nächsten Auftritt vor Publikum als Vorbereitung durchsprechen – in Verbindung mit Mundgymnastik.

Schnellsprechsätze und Zungenbrecher

- Wer kann Schnellsprechsätze schneller sprechen, als andere Schnellsprechsätze sprechen können?
- Der kleine Spatz nahm auf dem Flugplatz Platz. Nahm der kleine Spatz wirklich auf dem Flugplatz Platz?
- Wenn hinter Griechen Griechen kriechen, kriechen Griechen Griechen nach.
- Rassige Russen und Russinnen rutschen rassig russische Rutschen runter.
- Brautkleid bleibt Brautkleid und Blaukraut bleibt Blaukraut.
- Der Froschforscher forscht in der froschforschenden Froschforschung.
- Max wachst Wachsmasken. Was wachst Max? Wachsmasken wachst Max.
- Die Katzen kratzen im Katzenkasten. Im Katzenkasten kratzen Katzen.
- Es klapperten die Klapperschlangen, bis ihre Klappern schlapper klangen.
- Schnecken erschrecken, wenn Schnecken an Schnecken schlecken, weil zum Schrecken vieler Schnecken Schnecken nicht schmecken.

ÜBUNG 2

1. Üben Sie sich im Pantomimen-Spiel (Partner- oder Gruppenarbeit).
   Vermitteln Sie ohne Worte folgende Botschaften:
   «Ich gehe.»
   «Ich gehe arbeiten.»
   «Ich gehe am Dienstag arbeiten.»
   «Ich gehe am Dienstag nicht arbeiten.»
   «Ich gehe am Dienstag nicht arbeiten, da ich zum Arzt muss.»
   «Ich kann am Dienstag leider nicht arbeiten, da ich wegen Rückenschmerzen zum Arzt muss.»
2. Diskutieren Sie: Ab welchem Satz sind Sie mit der nonverbalen Kommunikation an die Grenzen gestossen? Weshalb? Welche Inhalte lassen sich nonverbal nur schwer vermitteln?

ÜBUNG 3

1. Vom Kommunikationsforscher Paul Watzlawick stammt der Satz: «Man kann nicht nicht kommunizieren.» Diskutieren Sie über die Bedeutung dieser Erkenntnis und die Folgen für die alltägliche Kommunikation.
2. Ein anderer bekannter Satz lautet: «Die Körpersprache lügt nie.» – Was bedeutet diese Erkenntnis für Ihr Kommunikationsverhalten?

Von der Wichtigkeit der nonverbalen Signale

 TIPPS

In verschiedenen Untersuchungen hat man herausgefunden, dass bei Gesprächen die Körpersprache oft ebenso wichtig oder noch wichtiger ist als der Inhalt. Daher ist beispielsweise auch bei Prüfungs- und Vorstellungsgesprächen auf die nonverbale Kommunikation zu achten. Auch über Kleidung und Frisur muss man sich vor wichtigen Gesprächen Gedanken machen.

Körperhaltung aufrecht und zentriert!	• Setzen Sie sich auf die vordere Hälfte des Stuhls; lehnen Sie sich nicht an. • Richten Sie sich auf; machen Sie sich gross. • Ihr Körper ruht in der Mitte, ist zentriert. • Die Schultern sind unten, entspannt. • Die Arme und Hände befinden sich nicht unter, sondern über der Tischkante.
Blick offen und direkt!	• Schauen Sie den Gesprächspartnern offen in die Augen. • Lassen Sie während des Gesprächs den Blick zwischen Ihren Notizen und dem Gegenüber langsam und ruhig hin und her schweifen. • Fixieren Sie den Blick nicht zu lange auf Ihre Notizen; das wirkt unsicher.
Mimik freundlich und entspannt!	• Mit einem Lächeln strahlen Sie Freundlichkeit aus. • Stellen Sie sich vor Ihrem geistigen Auge einen schönen Sandstrand vor. • Achten Sie auf eine entspannte Mundpartie. Tipp: Machen Sie vor dem Gespräch ein paar Lockerungsübungen (Mundgymnastik).
Gestik ruhig und kontrolliert!	• Sprechen Sie auch mit den Händen und Armen. Die Bewegungen müssen aber ruhig und konzentriert wirken; vermeiden Sie abrupte Arm- und Handbewegungen. • Vermeiden Sie: verschränkte Arme, Festhalten an einem Schreibzeug oder an den Unterlagen, Kratzen an irgendwelchen Körperstellen, Zurechtrücken der Frisur und andere «private» Aktionen.
Raumbewegung langsam und bewusst!	• Begeben Sie sich ruhig zum Stuhl und setzen Sie sich langsam hin. • Sollten Sie aufgefordert werden, am Flipchart oder an der Wandtafel etwas zu skizzieren, achten Sie auch hier auf langsame, bewusste Raumbewegungen. • Verlassen Sie den Raum ebenfalls ruhig. (Tipp: Unterlassen Sie Freudenschreie und/oder stürmische Umarmungen mit Kolleginnen und Kollegen …)
Erscheinung passend und gepflegt!	• Kleidung: Wählen Sie diese bewusst aus. Tragen Sie wenn immer möglich frische Kleider. Das gibt Ihnen ein gutes Gefühl. Stil: weder overdressed noch underdressed. Also weder der sommerliche «Badilook» noch das Ballkleid sind geeignet. Keine Kopfbedeckungen! • Schuhe: Sie müssen zur Kleidung passen, sauber und bequem sein. Vermeiden Sie offene Schuhe und monströse Turnschuhe mit offenen Schnürsenkeln. • Frisur: gepflegter Haarschnitt. Achten Sie darauf, dass die Haare beim Reden nicht stören und die Augen nicht verdecken. • Düfte: Es kann sein, dass das Gespräch an einem heissen Sommertag stattfindet; Ihr Körper kann ganz schön ins Schwitzen kommen. Tipp: Beugen Sie unangenehmen Körperausdünstungen vor …

Was Mimik und Gestik verraten können

Während eines Gesprächs verwenden wir bewusst oder unbewusst viele nonverbale Signale, um unsere Aussagen zu bekräftigen. Gut sichtbar sind dabei vor allem die Gestik (Finger-, Hand- und Armbewegungen) sowie die Mimik (Gesichtszüge). Was können diese verraten?

ÜBUNG 4

1. Ergänzen Sie die unten stehende Übersicht (Einzel- oder Partnerarbeit).
2. Besprechen Sie Ihre Lösungen mit anderen (Partner- oder Gruppenarbeit).
3. Achten Sie bei nächster Gelegenheit bei einer Person genauer auf Mimik und Gestik.
4. Melden Sie Ihre Beobachtungen – falls gewünscht – zurück (Feedback).

Mimik / Gestik	Mögliche Bedeutung
Augenbrauen heben	**Erstaunen, Konzentration, Aufmerksamkeit**
Blickkontakt vermeiden	
Mund nach unten verziehen	
Oft mit der Hand durch das Haar fahren	**Verlegenheit, Verunsicherung, Unkonzentriertheit**
Sich oft an die Nase fassen	
Sich am Ohrläppchen zupfen	
Den Kopf senken	
Die Hand vor den Mund halten	
Die Hand zur Faust ballen	
Den Zeigefinger heben	**Aufmerksamkeit bekommen, auf etwas Wichtiges hinweisen, Belehrung**
Die Arme verschränken	
Die Hände hinter dem Rücken verstecken	**Nachdenklichkeit, Passivität, etwas verstecken wollen**
Mit dem Bleistift oder Kugelschreiber spielen	
Die Hände in die Hosentaschen stecken	
Die Beine im Stehen verschränken	**Unsicherheit, Unbeweglichkeit, Instabilität, Verlegenheit**
Mit den Füssen wippen	
Aufrechte Körperhaltung	**Selbstsicherheit, Offenheit, Stolz**
Körper nach vorne gebeugt	

ÜBUNG 5

1. Lassen Sie sich über einen bestimmten Zeitraum oder in einer bestimmten Situation beobachten. Formulieren Sie dazu einen Beobachtungsauftrag. Beispiel: «Achte besonders auf
   meine Mimik / auf meine Hand- und Armbewegungen / auf meine Körperhaltung …»
2. Bitten Sie die Person, die sie beobachtet hat, um eine Rückmeldung.
3. Prüfen Sie, ob die Rückmeldungen für Sie stimmen, indem Sie sich selber auf einen Aspekt
   Ihrer nonverbalen Kommunikation konzentrieren.
4. Korrigieren Sie Verhaltensweisen, die sich auf andere negativ auswirken könnten.

ÜBUNG 6

1. An welchen verbalen und nonverbalen Signalen kann man erkennen, ob jemand lügt?
2. Ergänzen Sie die unten stehenden Lösungsfelder mit mindestens zwei eigenen Erkenntnissen bzw. Erfahrungen.
3. Vergleichen Sie Ihre Ergebnisse in der Gruppe.

Verbale Signale

- Lügner und Lügnerinnen verwenden oft Äusserungen wie «ehrlich», «glaub mir», «um die Wahrheit zu sagen»,
  «sicher nicht» u. a.
- Lügner benutzen oft die Worte des Gesprächspartners, um eine Frage zu beantworten. Auf die Frage «Hast du
  mein Fahrrad gestohlen?» wird er oder sie vermutlich sagen: «Nein, ich habe dein Fahrrad nicht gestohlen.»

Nonverbale Signale

- Das nonverbale Verhalten bei Lügnerinnen und Lügnern ist oft unkoordiniert: abrupte Hand- und Armbewegungen, Zittern mit den Beinen, unruhiges Sitzen.

2.5   Feedback

Was ist ein Feedback?

Feedback ist eine Rückmeldung an eine Person über deren Arbeit und/oder Verhalten. Feedback heisst aus dem Englischen wörtlich übersetzt «zurückfüttern».

Im Vordergrund steht nicht eine Bewertung, sondern das Zurückmelden von subjektiven Eindrücken. Man teilt der Person also mit, wie man sie wahrgenommen, was man beobachtet und wie sie auf einen gewirkt hat. Positive Rückmeldungen sind einfach zu formulieren. Anspruchsvoller wird es, wenn man zurückmelden will, was einem nicht so gefallen hat. In solchen Situationen gilt es, die Feedbackregeln besonders zu beachten und sich die sprachlichen Formulierungen genau zu überlegen.

ÜBUNG 1

1. Versetzen Sie sich in folgende Situation: Ihre Kollegin wünscht, dass Sie sie während eines Vortrags beobachten und ihr eine Rückmeldung geben. Beim Gespräch erwähnen Sie zuerst die positiven Punkte. Nun wollen Sie der Kollegin auch zurückmelden, dass sie am Anfang sehr nervös wirkte. Dies zeigte sich daran, dass sich an ihrem Hals rote Flecken bildeten.
2. Lesen Sie die Varianten in der unten stehenden Tabelle genau durch und entscheiden Sie, welche Äusserungen geeignet bzw. nicht geeignet sind.
3. Wählen Sie dann drei geeignete Formulierungen aus. Begründen Sie Ihre Wahl.
4. Vergleichen Sie Ihre Lösungen mit anderen.

Varianten	Geeignet? Ja/Nein
Du warst ja schön nervös!	
An deinem Hals bildeten sich rote Flecken. Wahrscheinlich warst du nervös.	
An den roten Flecken am Hals hat man ganz klar gesehen, dass du nervös warst.	
Man sollte so einen Vortrag locker nehmen. Warum warst du nur so nervös?	
Das nächste Mal solltest du dich vor dem Auftritt ein wenig beruhigen. Du warst ja ganz rot am Hals. Peinlich.	
Ich habe beobachtet, dass sich am Hals rote Flecken bildeten. Ich denke, du warst zu Beginn etwas nervös.	
Mir ist aufgefallen, dass du am Anfang ein wenig nervös warst. Dein Hals hat sich verfärbt.	
Ich war bei meinem Vortrag auch nervös. Doch so rot wie du war ich nicht.	
Leider muss ich dir noch sagen, dass du am Anfang zu nervös warst. Das wirkte nicht gut.	
Mit deinem hochroten Kopf hast du ausgesehen wie nach einer Turnstunde.	

Geeignete Formulierungen	Begründung

Feedbackregeln

Regeln für den Feedbackgeber / die Feedbackgeberin

- Geben Sie nur dann ein Feedback, wenn dies erwünscht ist.
- Verwenden Sie Ich-Botschaften.
- Erwähnen Sie immer zuerst das Positive.
- Formulieren Sie Ihre Rückmeldungen so, dass sie aufbauend (konstruktiv) wirken.
- Geben Sie das Feedback direkt und rechtzeitig.
- Beschreiben Sie konkret, was Sie wahrgenommen haben.
- Geben Sie das Feedback in einer persönlichen, vertraulichen Atmosphäre.

Vermeiden Sie:
- Du-Botschaften («Du-Sätze»)
- Wertungen
- Belehrungen
- Vorwürfe
- Verallgemeinerungen («Man-Sätze»)
- umständliche Begründungen
- «Beziehungsschnabel»

Regeln für den Feedbackempfänger / die Feedbackempfängerin

- Sagen Sie, wenn Sie ein Feedback wünschen.
- Definieren Sie die Form des Feedbacks.
- Hören Sie aufmerksam zu.
- Unterbrechen Sie nicht; fragen Sie nur nach, wenn Sie etwas nicht verstanden haben.
- Geben Sie zum Schluss dem Feedbackgeber eine kurze Rückmeldung, wie Sie das Gespräch erlebt haben.
- Vergleichen Sie Ihr Selbstbild mit dem Fremdbild.
- Überlegen Sie sich nach dem Feedback in Ruhe, was Sie aus den Erkenntnissen machen wollen.

Vermeiden Sie:
- Verteidigung
- Rechtfertigung
- Unterbrechungen
- Verallgemeinerungen («Man-Sätze»)
- Du-Botschaften («Du-Sätze»)
- langfädige Erklärungen
- «Beziehungsohr»

ÜBUNG 2

1. Ein Feedback sollte beschreibend, nicht wertend sein. Verbessern Sie die Äusserungen in Tabelle 1.
2. Ich-Botschaften statt Du-Botschaften. Formulieren Sie die Sätze in Tabelle 2 in Ich-Botschaften um.
3. Feedbacks müssen aufbauend (konstruktiv), nicht schwächend (destruktiv) wirken. Achten Sie daher bei beiden Übungen auch darauf, dass die neue Formulierung konstruktiv ist.
4. Vergleichen und diskutieren Sie Ihre Lösungen mit einem Partner/einer Partnerin.

Tabelle 1: Beschreiben statt werten

Nicht so:	Besser:
Beim Vortrag hast du eindeutig zu viele Fehler gemacht.	
Mich störte, dass du oft auf deinen Spickzettel geschaut hast.	
Deine Körperhaltung fand ich nicht so ideal. Du warst so nach vorne gebeugt.	
Es wäre viel besser gewesen, wenn du zu Beginn eine Übersicht gezeigt hättest.	
Dein Schlusswort fand ich dann nicht so überzeugend.	

Tabelle 2: Ich-Botschaften statt Du-Botschaften

Nicht so:	Besser:
Du musst dringend an deiner Aussprache arbeiten.	
Du hast der Klasse oft den Rücken zugedreht.	
Du hattest auf den einzelnen Folien viel zu viel Text.	
Dieses Bild am Schluss passte echt nicht. Du hättest ein besseres suchen sollen.	
Du musst beim nächsten Mal den Aufbau des Vortrags besser planen.	

2.6 Die Diskussion

Formen

Die Diskussion ist eine weitverbreitete Gesprächsform. Dabei gibt es die unterschiedlichsten Formen: lockere Privatgespräche zwischen zwei oder mehreren Personen, geleitete Gespräche in Besprechungen und Sitzungen, moderierte öffentliche Diskussionen am Radio oder Fernsehen, Pro-Kontra-Diskussionen zu einem bestimmten Thema auf einem Podium u. a.

Ziele

Die Ziele sind so unterschiedlich wie die Formen. Bei einem lockeren privaten Gespräch kann es darum gehen, die Meinung der anderen zu hören, in einer Sitzung wird für ein Problem eine Lösung gesucht. Bei öffentlichen Diskussionen geht es oftmals weniger um ein inhaltliches Ziel als vielmehr um die Verbreitung der eigenen Ideen und den Kampf um Positionen. Ein Beispiel dafür ist die Sendung «Arena» des Schweizer Fernsehens.

Konstruktive Gespräche

Konstruktive Gespräche zeichnen sich dadurch aus, dass die verschiedenen Meinungen angehört und dann Lösungen gesucht werden. Dabei müssen auch Kompromisse gemacht werden. Oft steht am Ende einer Diskussion eine Abstimmung über einen konkreten Lösungsvorschlag. Diese Form der Meinungsbildung und Entscheidungsfindung ist wichtig für eine demokratische Gesellschaft. Dazu gehört auch, dass die unterlegene Partei den Mehrheitsbeschluss akzeptiert.

Grundsatz

Ich sage das, was ich sagen will, so, dass es andere genau so verstehen, wie ich es meine.

So ist man in Diskussionen erfolgreich

 TIPPS

- Gut zuhören und andere ausreden lassen
- Auf die Meinung der anderen eingehen
- Sich klar und deutlich ausdrücken
- Sich nicht auf Positionskämpfe und Wortgefechte einlassen
- Beim Thema bleiben: Keine Abschweifungen (bewusst oder unbewusst), auch keine Ablenkungsmanöver
- Die vier Seiten des Kommunikationsquadrats im Auge behalten: Sache, Beziehung, Appell, Selbstkundgabe
- Sich bewusst sein, dass man bei Kritik an anderen auch immer etwas über sich aussagt. «Wenn Marisa über Sabrina redet, sagt Marisa mehr über Marisa aus als über Sabrina.»
- Sich wertschätzend äussern und konstruktiv verhalten. Keine persönlichen Angriffe, Verletzungen und Beleidigungen. Keine Killerphrasen wie «Das hat doch keinen Sinn!»/«Das ist halt einfach so!» In Ich-Botschaften kommunizieren, Du-Botschaften vermeiden. Nicht: «Du liegst mit deiner Einschätzung der Situation ziemlich falsch.» Sondern: «Ich teile deine Einschätzung der Situation nicht.» (Beachten Sie dazu auch Seite 107, Feedbackregeln.)
- Sachlich und überzeugend argumentieren statt behaupten. Nicht: «Es hat einfach zu viele alte Menschen in der Schweiz.» Sondern: «Die demografische Entwicklung zeigt, dass die Anzahl der älteren Menschen ständig wächst. Die bessere medizinische Versorgung und der allgemeine Wohlstand sind zwei Gründe dafür.» (Beachten Sie dazu auch die Seiten 69 f., Argumentieren)
- Auf nonverbale Signale achten. Mimik, Gestik, Körperhaltung können ein Gespräch entscheidend beeinflussen. In einem konstruktiven Gespräch vermeiden die Teilnehmenden verwirrende nonverbale Signale wie heftiges Kopfschütteln, sich demonstrativ abwenden, Seitengespräche führen, laute Seufzer u. a.

1. Lesen Sie die zwanzig unten stehenden Aussagen zum Diskussionsverhalten durch und schätzen Sie sich selber ein.
2. Zählen Sie die Punkte zusammen und analysieren Sie das Resultat.
3. Nehmen Sie die Stärken-Schwächen-Analyse vor und formulieren Sie Punkte, auf welche Sie zukünftig besonders achten werden.

Einschätzung des Diskussionsverhaltens

Verhalten	immer (4 Punkte)	oft (3 Punkte)	selten (2 Punkte)	nie (1 Punkt)
Ich lasse andere ausreden.				
Ich höre aufmerksam zu.				
Ich frage nach, wenn ich etwas nicht verstehe.				
Ich spreche klar und deutlich.				
Ich achte auf kurz, prägnante Beiträge.				
Ich schaue die anderen beim Reden an.				
Ich achte auf Ich-Botschaften.				
Ich bilde mir eine eigene Meinung.				
Ich lasse mich nicht provozieren.				
Ich argumentiere sachlich.				
Ich überlege mir, was ich wie sagen will.				
Ich lasse mich von anderen nicht unterbrechen.				
Ich bleibe beim Thema.				
Ich vermeide persönliche Angriffe.				
Ich vermeide Killerphrasen.				
Ich vermeide sture Behauptungen.				
Ich mache mir Notizen.				
Ich achte auf eine offene Körperhaltung.				
Ich sage es, wenn ich mich nicht wohlfühle.				
Ich gehe auf die anderen ein.				

Auswertung

61–80 Punkte: Sie haben bereits ein gutes bis sehr gutes Gesprächsverhalten.
40–60 Punkte: Ihr Gesprächsverhalten lässt sich noch in einzelnen Punkten verbessern.
unter 40 Punkten: Analysieren Sie Ihre Schwächen und wandeln Sie diese in Stärken um.

Stärken-Schwächen-Analyse

Listen Sie maximal drei Stärken und drei Schwächen auf. Notieren Sie ein konkretes Verhalten, auf das Sie in der nächsten Diskussion besonders achten werden.

Meine drei Stärken	Meine drei Schwächen

Auf diese Punkte achte ich in Zukunft besonders:

1. Wie würden Sie reagieren? – Diskutieren Sie zu zweit mögliche verbale Reaktionen auf die **ÜBUNG 2** unten dargestellten Situationen.
2. Notieren Sie jeweils eine passende Reaktion.
3. Vergleichen und besprechen Sie Ihre Lösungsvorschläge mit anderen.

Situation	Mögliche Reaktion
Jemand redet undeutlich und leise; Sie verstehen die Äusserungen kaum.	
Sie verstehen ein Fremdwort nicht.	
Sie werden in Ihren Ausführungen unterbrochen.	
Jemand äussert sich über längere Zeit nicht. Sie möchten auch seine/ihre Meinung hören.	

Eine Person sagt schon zum dritten Mal: «Darüber muss man doch nicht diskutieren.»	
Sie sind lange nicht zu Wort gekommen und möchten nun in die Diskussion eingreifen.	
Sie sind mit einer Äusserung gar nicht einverstanden. Wie eröffnen Sie Ihre Gegenrede?	
Jemand schüttelt immer wieder demonstrativ den Kopf und verdreht die Augen, wenn Sie etwas sagen.	

ÜBUNG 3

1. Bilden Sie eine Gruppe von acht Personen.
2. Wählen Sie ein aktuelles Thema oder eines der Themen, die sich für eine dialektische Erörterung eignen (siehe Anhang, Seite 148).
3. Diskutieren Sie zu viert über das gewählte Thema; Dauer ca. zehn Minuten.
4. Die andern vier Gruppenmitglieder beobachten die Diskussion und machen sich Notizen zum Gesprächsverhalten der Kolleginnen und Kollegen. Verwenden Sie dazu das Beobachtungsblatt auf Seite 113.
5. Nach der Diskussion geben die Beobachtenden Feedbacks. Sie beginnen mit: «(Name), bei dir ist mit aufgefallen, dass …». Wichtig: Alle halten sich an die Feedbackregeln (siehe Seite 107).
6. Nach der ersten Runde beginnt eine zweite Diskussion. Dabei werden die Rollen getauscht. Wer also in der ersten Runde beobachtet hat, nimmt jetzt an der Diskussion teil.

ÜBUNG 4

Ergänzung oder Alternative zu Übung 3

- Die Diskussion über ein aktuelles Thema findet im Klassenverband statt.
- Die eine Hälfte sitzt im Kreis und diskutiert. Die andere Hälfte beobachtet das Gesprächsverhalten von ausserhalb. Als Grundlage dient das Beobachtungsblatt auf Seite 113.
- Vorgängig wurde abgemacht, wer sich auf wen konzentriert.
- Das Feedback erfolgt nicht in der Gruppe, sondern zwischen den beiden einander zugeteilten Personen.
- Nach der ersten Runde werden die Rollen getauscht. Eine zweite Diskussion mit einem neuen Thema beginnt.

Beobachtungsblatt für das Gesprächsverhalten

Beobachtungsaspekte	Notizen
Gut zuhören und andere ausreden lassen	
Auf die Meinung der anderen eingehen	
Sich klar und deutlich ausdrücken	
Sich nicht auf Positionskämpfe und Wortgefechte einlassen	
Beim Thema bleiben	
Keine Killerphrasen verwenden	
In Ich-Botschaften kommunizieren	
Sachlich und überzeugend argumentieren statt behaupten	
Auf nonverbale Signale achten	
Anderes	

3 Präsentation

3.1   Einführung   116

3.2   Präsentationsformen   117

3.3   Erfolgreich vor Publikum stehen   119

3.4   Aufbau einer Präsentation   123

3.5   Visualisierungen   128

3.6   Redemanuskript / Stichwortkarten   132

3.7   Erkenntnisse zur Präsentation   133

3.8   Eine Präsentation beurteilen   134

3.1　Einführung

Man bekommt ein Thema, bereitet sich vor, steht vor das Publikum – mit oder ohne Lampenfieber – und redet rund zehn Minuten. Am Schluss gibt es ein Feedback und allenfalls eine Note. Sicher können Sie sich an Ihren letzten Vortrag erinnern. Ihnen ist wahrscheinlich auch noch präsent, was gut und was weniger gut lief. Die Ausführungen in diesem Kapitel sollen Ihnen helfen, Präsentationen noch gezielter vorzubereiten und Ihre Auftrittskompetenz zu steigern.

Was ist eine Präsentation?

Eine Präsentation ist ein Vortrag einer oder mehrerer Personen vor einem Publikum. Dabei geht es darum, bestimmte Inhalte klar gegliedert und anschaulich darzulegen. Ziel ist es, das Publikum zu informieren und zu überzeugen, denn Präsentieren heisst auch Informationen, Ideen und Meinungen verkaufen.

Komplexe Kommunikationssituation

Eine Präsentation ist eine spezielle Kommunikationssituation: Als vortragende Person steht man «live» vor Publikum. Man wird von vielen Augenpaaren beobachtet und fühlt sich unter Umständen ausgestellt wie in einem Schaufenster. Hinzu kommt: Sobald der Start erfolgt ist, kann man bei einer Panne nicht einfach stoppen und nochmals von vorn beginnen.

Bei einer Präsentation kommen alle vier Seiten des Kommunikationsquadrats (siehe Seite 97) zum Tragen: Man zeigt etwas von sich (Selbstkundgabe), man spricht über ein Thema (Sachebene), steht in einer Beziehung zum Publikum (Beziehungsebene) und will – je nach Form der Präsentation – die Zuhörenden zu etwas bewegen (Appellebene).

Der Umgang mit dieser komplexen Kommunikationssituation ist nicht immer einfach. Doch wenn man sich auf einen Auftritt gut vorbereitet, fachlich sicher ist und die wichtigsten Regeln kennt, kann das Reden vor Publikum sogar zum Vergnügen werden.

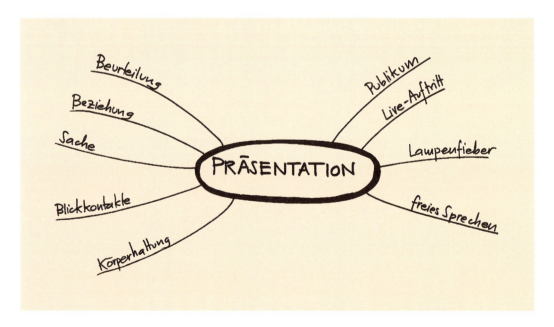

3.2 Präsentations-formen

Je nach Ziel gibt es zwei unterschiedliche Arten von Präsentationen: die Informationspräsenta-tion und die Überzeugungspräsentation. Die beiden Formen zeichnen sich auch durch unter-schiedliche Präsentationsstile aus.

Informationspräsentation	Überzeugungspräsentation
Das Publikum soll in erster Linie über einen Sach-verhalt informiert werden. Die vortragende Person tritt primär als Fachperson auf, erklärt die Inhalte ruhig und sachlich und nimmt nicht eine eindeutige oder einseitige Position ein. Trotzdem muss der Vortrag lebendig und spannend sein.	In einer Überzeugungspräsentation soll das Publikum von einer Idee, einem Produkt oder einem Projekt überzeugt werden. Die vortragende Person tritt sowohl als Fachperson als auch als «Verkäufer» bzw. «Verkäuferin» auf. Die Inhalte werden emotional und mit hohem Engage-ment vorgetragen, die eigene Position kommt klar zum Ausdruck. Das Publikum wird aufgefordert, etwas zu tun (= Appell).
→ informierender Präsentationsstil	→ emotional-appellierender Präsentationsstil

In der Praxis sind die beiden Formen nicht immer klar zu trennen. Oftmals geht es in einem ersten Teil um sachliche Information und in einem zweiten Teil um Überzeugungsarbeit. Diese darf aber nicht aufdringlich oder gar aggressiv daherkommen, wie man das von bestimmten Verkaufsanlässen kennt. Das beste Überzeugungsargument ist nämlich die Glaubwürdigkeit!

Eine weitere Unterscheidung betrifft den Umfang einer Präsentation.

Kurzpräsentationen	Langpräsentationen
Eine Kurzpräsentation dauert maximal fünf Minuten. Beispiele: • sich vorstellen (vor einer Gruppe oder Klasse) • Ergebnisse eine Gruppenarbeit präsentieren • über wichtige Erkenntnisse einer Arbeit infor-mieren • Kurzpräsentation bei einer Prüfung	Diese Präsentationen dauern in der Regel länger als zehn Minuten. Beispiele: • Vortrag vor der Klasse • Referat im Rahmen einer Weiterbildung • Präsentation einer Facharbeit vor einem öffentli-chen Publikum
(Bei Kurzpräsentationen steht in der Regel die Infor-mation im Vordergrund.)	(Ob es sich um eine Informations- oder eher um eine Überzeugungspräsentation handelt, hängt vom Auftrag und vom Ziel ab.)

Worauf es bei allen Formen ankommt:
• Hohes persönliches Engagement
• Fachliche Kompetenz
• Klare Gliederung
• Einfache, verständliche Sprache
• Offene Körperhaltung, Blickkontakt
• Unterstützende Visualisierungen

1. Formulieren Sie die Aussagen im informierenden Stil gemäss Beispiel in den emotional-appellierenden Stil um.
2. Vergleichen und besprechen Sie Ihre Lösungen zu zweit oder in der Gruppe.

Informierender Stil	Emotional-appellierender Stil
Das ist ein wichtiges Projekt.	**Wir müssen uns bewusst sein: Dieses Projekt hat für uns alle eine grosse Bedeutung.**
Für den Erfolg braucht es ein gutes Konzept.	
Der erste Satz bei einem Vortrag ist wichtig.	
Die Konkurrenz arbeitet an einem ähnlichen Produkt.	
Alle müssen besser auf die Gesundheit achten.	
Diese Volksinitiative wird von uns unterstützt.	
2011 starben 69 Fussgänger auf unseren Strassen.	
Die Krankenkassenprämien steigen jährlich um rund fünf Prozent.	
In der Schweiz wird pro Sekunde ein Quadratmeter Land verbaut.	

3.3 Erfolgreich vor Publikum stehen

Zur Vorbereitung auf eine Präsentation gehören auch Überlegungen zur Art und Weise, wie man vom Publikum wahrgenommen wird. Es geht also um nonverbale Aspekte wie Körperhaltung, Mimik, Gestik, Kleidung, Frisur u. a. Wer die wichtigsten Regeln kennt, kann grobe Präsentationsfehler vermeiden; man fühlt sich sicherer und wirkt daher auf die Zuhörerinnen und Zuhörer kompetenter.

ÜBUNG 1

1. Lesen Sie als Einstieg in diese Übung die unten stehende Antwort eines Stilexperten auf eine Leserfrage.
2. Betrachten Sie anschliessend die Bilderpaare. Ein Bild zeigt jeweils einen typischen Fehler, das andere die korrekte Form.
3. Ordnen Sie in der Tabelle auf Seite 120 gemäss Beispiel die Nummern zu und formulieren Sie stichwortartig die korrekte Form.
4. Vergleichen und besprechen Sie Ihre Lösungen in der Gruppe.

Leserfrage: Ich besuche Weiterbildungskurse, doch störe ich mich immer wieder daran, wenn Referenten mit Händen in den Hosensäcken unterrichten. Go oder No-go? Franz K. per Mail

Antwort: No-go. Mit den Händen in den Hosentaschen herumzustehen und zu jodeln, ist bekanntlich cool und «comme il faut». In ebendieser Pose aufs Tram zu warten oder einem Grümpelturnier zuzuschauen, ist auch okay. Aber vor Publikum zu stehen und dann die Hände in der Hose zu vergraben, zeugt a) von mangelndem Stilbewusstsein, b) von mangelnder Kenntnis zeitgemässer Präsentations- und Unterrichtstechnik und c) von einer gewissen Blasiertheit, die dem Gegenüber sagt: Ist mir doch egal, was du von mir denkst. Die Hände sind, diesbezüglich kann man von unseren Nachbarn im Süden lernen, effektive und vielseitige Instrumente, wenn es darum geht, mündlichen Ausführungen nonverbalen Nachdruck zu verleihen. Also soll man sie auch entsprechend nutzen.

Jeroen van Rooijen, Stilfachmann   Aus: Stil. Das Magazin für Lebensfragen, Beilage NZZ am Sonntag, 22.7.2012

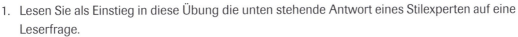

Fehler Zu vermeiden:	Bild Nr.	Korrekte Form Besser:
Hände in den Hosentaschen	9	**Hände seitlich oder vor dem Körper**
verschränkte Arme		
nach vorne geneigte, verspannte Körperhaltung		
schiefe Körperhaltung		
Blick nach unten		
mürrischer, gelangweilter Gesichtsausdruck		
grosse Stichwortzettel; zu nahe beim Gesicht		
Körper verdeckt Sicht auf Leinwand, Schattenwurf		
Blickrichtung nach hinten, vom Publikum abgewendet		
mit dem Fingern auf die Leinwand zeigen		
den Vortrag sitzend halten		

1. Sammeln Sie in der Gruppe weitere Regeln zu den gegebenen Bereichen. Formulieren Sie die Regeln stichwortartig gemäss dem Beispiel «Stimme, Redetempo, Aussprache».
2. Vergleichen Sie Ihre Lösungen mit einer anderen Gruppe und ergänzen Sie.

ÜBUNG 2

Bereich	Darauf ist zu achten (Regeln)
Stimme, Redetempo, Aussprache	**klare Stimme** **angepasste Lautstärke** **deutliche Aussprache** **langsame Sprechweise mit Pausen**
Blickkontakt	
Äussere Erscheinung (Kleidung, Frisur, anderes)	
Wortschatz, Sätze	
Gestaltung von Folien und Plakaten	
Verhalten bei Pannen	
Einstieg	
Schluss	

ÜBUNG 3

1. Bilden Sie eine Gruppe von vier bis sechs Personen. Verteilen Sie die Themenbereiche aus der Übung 2 auf Zweierteams.
2. Bereiten Sie zu zweit einen Kurzvortrag zum Thema «Erfolgreich präsentieren» vor. Konzentrieren Sie sich dabei auf die zugeteilten Bereiche.
3. Visualisieren Sie die Regeln auf A4- oder A3-Blättern (Mindmap, Cluster, Schaubild, freie Zeichnung, Symbole u.a.).
4. Halten Sie in Ihrer Gruppe zu zweit Kurzvorträge.

ÜBUNG 4

1. Bilden Sie eine Gruppe von vier bis sechs Personen. Jedes Gruppenmitglied bereitet eine Kurzpräsentation von maximal drei Minuten zum Thema «Meine biografischen Eckdaten» vor.
2. Visualisieren Sie die Eckdaten wie folgt:
   a) Kleben Sie zwei A4-Blätter im Querformat zusammen. Zeichnen Sie mit einem dicken Stift am unteren Seitenrand einen Zeitstrahl auf, zirka 50 cm lang.
   b) Bereiten Sie kleine Zettel – falls vorhanden: Klebezettel – im Format von zirka 8 × 8 cm vor.
   c) Notieren Sie auf je einem Zettel jeweils ein Stichwort (z.B. «Geburt»/«Lehre»). Verwenden Sie maximal sechs bis acht Zettel.
   d) Markieren Sie auf dem Zeitstrahl Ihre wichtigsten Stationen mit einem Strich und schreiben Sie das Datum dazu.
3. Präsentieren Sie nun Ihre biografischen Eckdaten innerhalb der Gruppe. Pinnen Sie dazu das vorbereitete Querblatt mit dem Zeitstrahl an eine Stellwand oder fixieren Sie es mit Magneten an der Tafel. Die Zettel mit den Stichwörtern bleiben vorerst noch bei Ihnen.
4. Informieren Sie nun die Gruppe mithilfe des Zeitstrahls über Ihre wichtigsten Lebensstationen. Kleben Sie während der Präsentation die Zettel nach und nach auf das Querblatt. Redezeit: maximal drei Minuten.
5. Nach der Kurzpräsentation wählen Sie zwei Gruppenmitglieder für ein Feedback aus (Regeln siehe Seite 107). Hören Sie genau zu und notieren Sie sich, was Sie noch verbessern können. Leitfragen für das Feedback:
   a) Wie war die Präsentation gegliedert?
   b) Wie war die Sprache?
   c) Wie wirkten Körperhaltung und Blickkontakt auf mich?
   d) Wie wirkte die Visualisierung auf mich?
   e) Was ist mir sonst noch aufgefallen?

3.4 Aufbau einer Präsentation

Die Grobstruktur einer Präsentation mit Einleitung, Hauptteil und Schluss sieht gleich aus wie bei vielen schriftlichen Arbeiten. Bei der Feinstruktur und den Zielen gibt es hingegen wichtige Unterschiede, wie die folgende Übersicht zeigt.

Grobstruktur (Zeitanteil)	Feinstruktur	Ziele
Einleitung (10–15%)	• Begrüssung • Sich vorstellen • Hinführung zum Thema • Orientierung über den Ablauf	• Kontakt aufbauen • Interesse wecken • Orientierung geben • Sicherheit gewinnen

Hauptteil (70–80%)	• Ablauf gemäss gewähltem Gliederungs-modell:
	  – chronologisch
	  – thematisch
	  – Pro-Kontra-Aufbau
	  – Vier-Punkte-Struktur
		• Interesse aufrechterhalten
		• informieren
		• Argumente aufzeigen
		• Entwicklungen darstellen
		• Ergebnisse präsentieren

Schluss (5–10%)	• Zusammenfassung • Wichtige Erkenntnisse • Bezug zur Einleitung • Ausblick in die Zukunft • persönliche Stellungnahme • evtl. Aufforderung (Appell)	• Interesse aufrechterhalten • zusammenfassen • einen guten letzten Eindruck hinterlassen • evtl. zum Handeln bzw. Nachdenken bewegen

Die Einleitung

Die Einleitung entscheidet über den ersten Eindruck. Daher muss der Einstieg einer Präsentation sorgfältig vorbereitet werden. Grobe Fehler sprachlicher, organisatorischer oder technischer Art sollten nicht passieren. Ein guter Start gibt Sicherheit für das ganze Referat.

Begrüssung
Die Form der Begrüssung hängt vom Anlass und Publikum ab. Bei einer öffentlichen Veranstaltung ist sie formeller als vor der Klasse oder im Arbeitsteam. Wenn mehrere Personengruppen mit unterschiedlichen Formen begrüsst werden müssen, sollten Sie die Begrüssungssätze wortwörtlich auf Ihre Stichwortkarte schreiben.

Mögliche Formulierungen für öffentliche Veranstaltung
- Guten Tag, sehr geehrte Damen und Herren.
- Guten Abend, verehrte Damen und Herren.
- Guten Tag / Abend, meine Damen und Herren.
- Geschätzte Anwesende, herzlich willkommen.
- Ich begrüsse Sie herzlich zu meinem Vortrag, geschätzte Anwesende.

Mögliche Formulierungen für interne Veranstaltung
- Geschätzte Kolleginnen und Kollegen; ich begrüsse euch zu meiner Präsentation.
- Liebe Kolleginnen und Kollegen; sehr geehrter Herr (Name); sehr geehrte Frau (Name) – herzlich willkommen zu meinem Referat.

Sich vorstellen

Ob Sie sich selber kurz vorstellen oder nicht, hängt ebenfalls vom Anlass ab. Wenn sich alle gegenseitig kennen, ist eine Vorstellung nicht nötig. Verwenden Sie bei der eigenen Vorstellung nicht «Herr» oder «Frau» und vermeiden Sie die Form «Ich bin (Vorname, Name)».

Mögliche Formulierungen (öffentliche Veranstaltung)
- Ich heisse (Vorname, Name).
- Mein Name ist (Vorname, Name).
- Ich arbeite bei der Firma (Name) und bin im dritten Lehrjahr der kaufmännischen Grundbildung.

Hinführung zum Thema

Formulieren Sie die Sätze zur Hinführung kurz und prägnant. Vermeiden Sie Floskeln wie: «Ich möchte Ihnen heute etwas erzählen über …» Oder: «Bevor ich zum Hauptteil komme, informiere ich Sie noch kurz über …». Oder: «Heute möchte ich Ihnen das Thema … näherbringen.» Auch von peinlichen Witzen oder Gags ist abzuraten!

Mögliche Formulierungen
- Mein Thema lautet: «Armut in der reichen Schweiz».
- Ich rede heute über das Thema «Armut in der reichen Schweiz».
- Ich habe mich in den vergangenen Wochen intensiv mit dem Thema «Armut in der reichen Schweiz» auseinandergesetzt. Heute präsentiere ich Ihnen die wichtigsten Erkenntnisse.

Orientierung über den Ablauf

Informieren Sie in diesem letzten Teil der Einleitung das Publikum über den Inhalt und den Ablauf.

Wichtig: Das Programm muss während der ganzen Präsentation gut sichtbar sein. Visualisieren Sie also den Ablauf. Verwenden Sie dazu ein Plakat (Flipchart) oder Zettel (Pinnwand oder Wandtafel).

Tipps für einen erfolgreichen Einstieg:

→ **TIPPS**

- Kontrollieren Sie Kleidung und Frisur.
- Kontrollieren Sie Ihre Körperhaltung (aufrecht, entspannt).
- Schliessen Sie kurz die Augen und atmen Sie langsam ein und aus.
- Entspannen Sie Ihre Gesichtsmuskulatur.
- Nehmen Sie Ihre Stichwortkarten in die Hand.
- Begeben Sie sich nun mit ruhigen, langsamen Schritten an den Ort, wo Sie beginnen werden.
- Stellen Sie sich in hüftbreiter Position vor das Publikum.
- Lächeln Sie und schauen Sie während rund fünf Sekunden ins Publikum; lassen Sie dabei den Blick von hinten nach vorne und von links nach rechts schweifen.
- Begrüssen Sie nun das Publikum.

 ÜBUNG 1

1. Bilden Sie eine Gruppe von drei bis fünf Personen. Jedes Gruppenmitglied bereitet sich auf die ersten drei Schritte der Einleitung vor: Begrüssung, Vorstellung und Hinführung zum Thema. Die Form (öffentlich oder intern) sowie das Thema können selber bestimmt werden. Notieren Sie das Wichtigste auf Stichwortkarten und lernen Sie den Text auswendig.
2. Stimmen Sie sich gemäss den Vorbereitungstipps oben innerlich auf den Kurzauftritt ein.
3. Nehmen Sie die Kurzpräsentationen mit Ihren Smartphones auf und analysieren Sie anschliessend die Filmsequenzen in der Gruppe.
4. Vergleichen Sie die Wirkung auf die Kolleginnen und Kollegen mit Ihrer eigenen Wahrnehmung. Notieren Sie, was Sie noch verbessern können.

ÜBUNG 2
Ergänzung oder
Alternative zu
Übung 1

1. Bereiten Sie in der Gruppe eine Einleitung vor unter dem Motto «Der missglückte Einstieg in ein Referat». Bauen Sie also bewusst Fehler ein.
2. Spielen Sie die (humorvollen) Szenen einander vor. Sie können die Auftritte ebenfalls mit Ihren Smartphones aufnehmen und gemeinsam analysieren.

Was ich noch besser machen kann:

....

....

....

....

....

....

....

....

....

....

Der Hauptteil

Der Hauptteil ist das Kernstück des Referats. Die Herausforderung besteht darin, das Interesse und die Aufmerksamkeit des Publikums wachzuhalten. Im Hauptteil kommt alles zusammen: das persönliche Engagement, die Fachkompetenz, Strukturierung und Visualisierungen, der sprachliche Ausdruck und die Körpersprache, der Umgang mit den technischen Hilfsmitteln. Es gilt die Regel: Je besser man vorbereitet ist, desto leichter schafft man die Herausforderung.

Die Gliederung des Hauptteils hängt ab vom Thema, von den Inhalten und der Zielsetzung. Im Folgenden werden verschiedene Gliederungsmodelle vorgestellt.

Modell	Inhalt	Beispiele und Hinweise
Chronologische Gliederung	• Vergangenheit (gestern) • Gegenwart (heute) • Zukunft (morgen)	«Geschichte der Schweizerischen Nationalbank»
Thematische Gliederung	• Thema 1 • Thema 2 • Thema 3 • Thema 4	«Die vier Elemente des Marketing-Mix: Produkt, Preis, Kommunikation, Vertrieb»
Pro-Kontra-Gliederung	• Pro-Argument 1 • Pro-Argument 2 • Pro-Argument 3 • Kontra-Argument 1 • Kontra-Argument 2 • Kontra-Argument 3	«4-Tage-Woche für alle?» «Viele Frauen verzichten heute auf Kinder. Vor- und Nachteile» (Vergleiche dazu: Die Erörterung, Seiten 67–74.)
Vier-Punkte-Struktur	1. Problemdarstellung 2. Ursachen 3. Folgen 4. Massnahmen, Lösungsansätze	«Volkskrankheit Stress» «Korruption» «Armut in der reichen Schweiz» «Konsumsucht»
Mischformen	Bei einigen Themen sind Mischformen möglich. So könnte beispielsweise beim Thema «Geschichte der Schweizerischen Nationalbank» auch auf deren Aufgaben eingegangen werden. Dieser Teil wäre dann thematisch gegliedert.	

Der Schluss

Was das Publikum zuletzt hört und sieht, wirkt am längsten nach. Der Schluss muss also, wie der Einstieg, genau geplant sein. Unbedingt zu vermeiden ist ein abrupter Schluss mit einer floskelhaften Wendung wie beispielsweise: «So, jetzt bin ich am Ende. Ich hoffe es hat Ihnen gefallen.» / «Zum Schluss danke ich Ihnen für das Interesse.» / «Das war's. Besten Dank für Ihre Aufmerksamkeit. Sie können jetzt noch Fragen stellen.»

Besser ist, wenn Sie den Schluss ankündigen. Das erhöht nochmals die Aufmerksamkeit des Publikums. Beispiele von Ankündigungen:
• «Ich komme zum Abschluss meiner Präsentation / meiner Ausführungen / meines Referats / meines Vortrags.»
• «Zum Schluss fasse ich jetzt die wichtigsten Punkte zusammen.»
• «Zum Schluss komme ich nun nochmals auf die eingangs gestellte Frage zurück.»

Der Schluss kann beinhalten:

- eine Zusammenfassung der wichtigsten Punkte (Kernaussagen)
- eine Auflistung der wichtigen Erkenntnisse (Fazit)
- Bezug zur eingangs gestellten Frage, zu einem erwähnten Zitat oder gezeigten Bild (rundet die Präsentation ab und wirkt wie eine Klammer)
- Ausblick in die Zukunft; allenfalls mit einer Aufforderung (Appell)
- eine persönliche Stellungnahme

Tipps für einen wirkungsvollen Schluss:

 TIPPS

- Formulieren Sie den Schlusssatz aus (Stichwortkarte) und lernen Sie ihn auswendig.
- Verlangsamen Sie bewusst das Sprechtempo und senken Sie beim letzten Wort die Stimme.
- Bleiben Sie nach dem letzten Wort schweigend vor dem Publikum stehen, blicken Sie in die Runde. Sollte die Ruhe zu lange andauern, sagen Sie einfach «Danke!». Nun können Sie den Applaus geniessen.
- Nach einer kurzen Pause können Sie zur Fragerunde oder zur Diskussion überleiten.

Merken Sie sich: In der Kürze liegt die Würze. Und: Ein Schluss ist ein Schluss. Zusätzliche Erklärungen nach dem Schlusssatz können die ganze Präsentation entwerten.

 **ÜBUNG 3**

1. Üben Sie in der Gruppe den Schluss einer Präsentation. Das Thema heisst «Gliederungsmodelle bei einem Vortrag» (siehe Seite 126). Jedes Gruppenmitglied wählt eines der Modelle (ausser Mischformen) aus und bereitet den Schluss vor.
2. Notieren Sie das Wichtigste auf Stichwortkarten und lernen Sie den Text auswendig.
3. Nehmen Sie die Kurzpräsentationen mit Ihren Smartphones auf und analysieren Sie anschliessend die Filmsequenzen in der Gruppe.
4. Vergleichen Sie die Wirkung auf die Kolleginnen und Kollegen mit Ihrer eigenen Wahrnehmung. Notieren Sie, was Sie noch verbessern können.

 ÜBUNG 4

Ergänzung oder Alternative zu Übung 3

1. Bereiten Sie in der Gruppe einen Schluss unter dem Motto «Der verpatzte Schluss» vor. Bauen Sie also bewusst Fehler ein – auch witzige.
2. Spielen Sie einander die Szenen vor. Auch diese Auftritte können mit den Smartphones aufgenommen und gemeinsam analysiert werden.

Was ich noch besser machen kann:

3.5 Visualisierungen

«Ein Bild sagt mehr als tausend Worte.» Das bekannte Sprichwort mag übertrieben klingen, doch es bringt eine wichtige Erkenntnis auf den Punkt: Informationen werden nicht nur über das Ohr (auditiv), sondern vor allem auch über das Auge (visuell) wahrgenommen. (Zum Thema Visualisieren von Texten siehe das Kapitel «Texte lesen und verstehen», Seiten 14–19.)

Bei einer Präsentation erhöhen geeignete Visualisierungen das Verstehen und Behalten und dadurch die Wirksamkeit der Präsentation wesentlich. Testen Sie dies am folgenden Beispiel selber.

Behaltensquote

Text	Visualisierung 1	Visualisierung 2
Erfahrungswerte zeigen, dass wir beim reinen Hören rund 10 Prozent und beim reinen Lesen rund 20 Prozent des Inhaltes speichern können. Bei gleichzeitigem Hören und Sehen eines Sachverhalts liegt die Behaltensquote mit gut 60 Prozent hingegen dreimal höher.	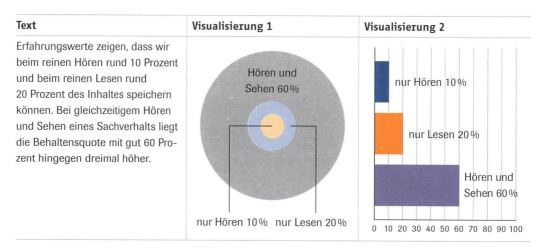	

Welche Vorteile haben Visualisierungen?

* Inhalte werden besser verstanden.
* Informationen können besser gespeichert werden.
* Komplizierte Zusammenhänge können besser erklärt werden.
* Die Aufmerksamkeit kann gesteigert werden.
* Die Präsentation wird lebendiger und abwechslungsreicher.
* Argumente können übersichtlich dargestellt werden.
* Die Redezeit kann verkürzt werden, denn Symbole und Bilder sind oft selbsterklärend.

Grundsätze

Unterstützung	Reduktion	Struktur	Klarheit	Korrektheit	Angemessenheit
Die Visualisierung unterstützt das Gesagte und ist nicht bloss reine Dekoration.	Die Visualisierung reduziert Inhalte auf das Wesentliche. Weniger ist mehr!	Die Struktur ist einfach und übersichtlich.	Visualisierungen sind klar und einfach verständlich.	Der Inhalt ist korrekt dargestellt; dazu gehört auch die korrekte Schreibweise.	Das Aufwand-Nutzen-Verhältnis ist angemessen.

Visualisierungsmittel

Listen, Tabellen	Grafische Schaubilder (Diagramme, Organigramme, Flussdiagramm u. a.)	Frei gestaltete Schaubilder
Mindmap	Cluster	Farben	Grundrisse, technische Zeichnungen
Symbole und Piktogramme	Zeichnungen, Cartoons, Karikaturen	Fotos, Film	Gegenstände, Muster, Modelle u. a.

Medien zur Visualisierung

 TIPPS

Medien	Tipps zum Medieneinsatz
Wandtafel **Whiteboard** **Flipchart** **Pinnwand** **Plakate** **Hellraumprojektor** **(Overheadprojektor OHP)** **Visualizer** **Beamer**	• Veranstalten Sie keine «Medienschlacht». • Das Wichtigste ist nicht das Medium, sondern die vortragende Person. • Der Medieneinsatz muss geplant und gut vorbereitet sein. • Überprüfen Sie die Technik vor dem Anlass genau. • Testen Sie Lesbarkeit und Sichtbarkeit (z. B. Bildschärfe bei OHP und Beamer). • Halten Sie trotz Medieneinsatz Blickkontakt zum Publikum. • Das Dargestellte muss für das Publikum gut les- und sichtbar sein. • Schalten Sie Geräte wie Beamer, OHP, Visualizer ab, sobald diese nicht mehr gebraucht werden.

Vorsicht Powerpoint!

Die vielfältigen technischen Möglichkeiten einer Powerpoint-Präsentation sind faszinierend und gleichzeitig ein Nachteil. Im Extremfall verkommt die Präsentation zu einer Filmvorführung mit überladenen Folien (Text, Grafik, Fotos), wilden Animationen und nervigen Folienübergängen. Findet die Vorführung in einem abgedunkelten Raum statt und wird das Ganze noch mit Musik unterlegt, fühlt man sich vollends im Kino. Die Technik-Show und nicht der Inhalt steht im Vordergrund. Das Resultat: Das Publikum wird optisch und akustisch erschlagen, verliert die Aufmerksamkeit und langweilt sich.

Wer Powerpoint einsetzt, muss folgende Regeln beachten:
• Einheitliches, einfaches Foliendesign; heller Hintergrund
• Einheitliches Ein- und Überblenden
• Animationen sehr zurückhaltend einsetzen
• Gut lesbare, grosse Schrift verwenden (z. B. Arial, 20 Punkt und grösser)
• Wenig Text pro Folie (Stichwörter, kurze Sätze); Folien nicht überladen
• Text nicht ablesen, sondern kommentieren
• Die Funktionsfähigkeit der Technik vor der Präsentation testen
• Beamer ausschalten, sobald er nicht mehr gebraucht wird

ÜBUNG 1

1. Erarbeiten Sie zu zweit je eine geeignete Visualisierung zu den beiden Abschnitten «Grundsätze» und «Medien zur Visualisierung» (siehe oben).
2. Vergleichen Sie Ihre Lösungen mit anderen.
3. Diskutieren Sie: Wo liegen die Stärken der gewählten Form? Wo die Schwächen?

ÜBUNG 2

1. Bilden Sie eine Gruppe von drei bis fünf Personen. Lesen Sie den unten stehenden Text durch und sprechen Sie ab, wer welchen Abschnitt für eine Kurzpräsentation vorbereitet.
2. Visualisieren Sie die wichtigsten Aussagen. Mögliche Formen: stichwortartige Aufzählung, Liste mit Vor- und Nachteilen, Mindmap, Schaubild, Ablaufschema u. a.
3. Halten Sie vor der Gruppe das Kurzreferat zum gewählten Abschnitt.
4. Geben Sie sich gegenseitig Feedbacks. Achten Sie dabei vor allem auf die Qualität der Visualisierung. Hören Sie genau zu und merken Sie sich, was Sie noch verbessern können.

Sparen

Was ist Sparen?

Angenommen, Sie haben 200 Franken Taschengeld pro Monat. Sie möchten jedoch nicht alles ausgeben, sondern 10 Prozent davon sparen. In einem Jahr kommen so Ersparnisse von 240 Franken zusammen. Sparen bedeutet also, einen Teil des zur Verfügung stehenden Geldes nicht für den unmittelbaren Konsum auszugeben, sondern auf die Seite zu legen. So gesehen ist Sparen aufgeschobener Konsum. Schulden machen ist das Gegenteil von Sparen: Der Konsum von morgen wird vorgezogen.

Weshalb sparen wir?

In der Schweiz hat ein durchschnittlicher Haushalt pro Monat ein Bruttoeinkommen von 9103 Franken. Davon werden im Durchschnitt 1028 Franken gespart, also 11,3 Prozent. Gespart wird aus unterschiedlichen Gründen:

- Um zu einem späteren Zeitpunkt eine grössere Anschaffung zu tätigen, beispielsweise ein Auto, eine Wohnung oder ein Haus.
- Man spart für die Familiengründung oder den Schritt in die Selbstständigkeit.
- Viele bilden Reserven, um sich privat gegen bestimmte Lebensrisiken abzusichern, z. B. Arbeitslosigkeit, Unfall, Krankheit.
- Viele Eltern sparen Geld, um ihren Nachkommen eine Ausbildung zu finanzieren oder ein Erbe zu hinterlassen.
- Wenn Sie im Lotto gewinnen oder vorübergehend viel verdienen, werden Sie wahrscheinlich nicht gleich das gesamte Mehreinkommen ausgeben, sondern einen Teil davon auf die Seite legen.

Sparen für das Alter

Das Arbeitseinkommen ist in der Regel nicht gleichmässig über das Leben verteilt. So entsteht durch die Pensionierung bei den meisten Leuten eine Einkommenslücke. Wer nach dem Übertritt ins Rentenalter den bisherigen Lebensunterhalt mit möglichst wenigen Einschränkungen bestreiten will, muss deshalb während seines Erwerbslebens einen Teil des Einkommens auf die Seite legen. Diese Form von Sparen nennt man Altersvorsorge.

Es gibt verschiedene Formen, die Vorsorge zu organisieren:

a) Man kann freiwillig und individuell Kapital auf die Seite legen.
b) Das Gleiche kann steuerlich gefördert werden (in der Schweiz = Säule 3a).
c) Ein Teil des Einkommens kann durch den Staat obligatorisch und kollektiv abgezweigt und angelegt werden, weshalb man auch von Zwangssparen spricht (in der Schweiz = betriebliche Vorsorge bzw. Pensionskassen). Nach der Pensionierung wird aus dem vorhandenen Kapital eine Rente bezahlt.
d) Eine weitere Alternative ist ein Generationenvertrag, gemäss welchem die arbeitende Generation obligatorisch laufend einen Teil ihres Einkommens an die aktuellen Rentner abliefert (Umlageverfahren, in der Schweiz = AHV).

In der Schweiz sind die berufliche Vorsorge (für Unselbstständigerwerbende) und die AHV (für alle Erwerbstätigen) obligatorisch. Somit sind alle gezwungen, ihren Anteil an die kollektive Altersvorsorge zu leisten.

Welche Möglichkeiten des Sparens gibt es?

Wer spart, möchte sein Geld in erster Linie schützen und sicher aufbewahren. Wer nicht sparen kann, belässt sein Erspartes in der Regel auf dem Lohnkonto oder bringt es auf ein Sparkonto. Dort ist das Geld jederzeit verfügbar und ausserdem durch eine Versicherung gedeckt (pro Kunde und Bank bis 100 000 Franken). Rasche Verfügbarkeit und Sicherheit haben jedoch ihren Preis: Für so gespartes Geld erhält man nur wenig Zins.

Wer bereit ist, sein Geld länger zu binden, kann das Ersparte auf einem Vorsorgekonto deponieren (Säulen 3a/3b oder Lebensversicherungen). Das so aufbewahrte Geld ist ebenfalls sicher, steht aber erst im Alter bzw. den Angehörigen im Todesfall zur Verfügung. Weil das Geld länger gebunden ist, bekommt man dafür einen etwas höheren Zins.

Wer einen grösseren Betrag zur Verfügung hat, kann einen Teil davon in Aktien oder Obligationen oder in Anteile an Fonds anlegen. Wer sein Geld auf diese Weise anlegt, will es in erster Linie mehren und versucht deshalb, einen höheren Ertrag als mit einem Spar- oder Vorsorgekonto zu erzielen. Dafür nimmt man das Risiko in Kauf, dass das Geld teilweise oder ganz verloren gehen kann. Der höhere langfristige Ertrag entschädigt für dieses Risiko.

Was passiert mit dem gesparten Geld?

Das von den privaten Haushalten gesparte Geld fliesst je nach Anlageentscheid entweder den Banken oder Finanzmärkten zu. Über beide Kanäle endet es schliesslich in den meisten Fällen bei den Unternehmen. Diese finanzieren damit ihre Investitionen – sei es über die Unternehmenskredite von Banken oder durch die Ausgabe von Aktien oder Obligationen. Auch das in Fondsanteile oder Pensionskassen angelegte Geld fliesst letztlich den Unternehmen zu. […]

Was ist der Sinn eines Budgets?

Damit Sie die Übersicht über Ihre Finanzen nicht verlieren, sollten Sie ein Haushaltsbudget mit den monatlichen Einnahmen und Ausgaben erstellen. Dabei empfiehlt es sich, auch Posten wie «Sparen» und «Ferien» ins Budget aufzunehmen. So kann während mehrerer Monate auf ein Ziel hin gespart werden. Aber natürlich stellt ein Haushaltsbudget nur ein Hilfsmittel zur Kontrolle der eigenen Finanzen dar. Es führt nicht automatisch zu Ersparnissen. Denn bekanntlich ist es einfacher, ein Budget zu erstellen, als dieses auch tatsächlich einzuhalten. Gibt man über längere Zeit mehr aus, als man einnimmt, entsteht ein Schuldenberg, der sich nur schwer wieder abbauen lässt. Wer sich verschuldet und seine Rechnungen nicht mehr bezahlen kann, gerät zudem mit dem Gesetz in Konflikt.

Aus: iconomix. Webbasiertes Lehrangebot der Schweizerischen Nationalbank; gekürzt. Version November 2012

3.6 Redemanuskript/ Stichwortkarten

Redemanuskript

Wer auf Nummer sicher gehen will, kann ein ausformuliertes Redemanuskript erstellen. Doch Achtung: Das Redemanuskript dient nur als Hilfsmittel; der Text muss auswendig gelernt und darf auf keinen Fall abgelesen werden. Verfassen Sie das Manuskript mit der Mindestschriftgrösse 14 Punkt und einem Zeilenabstand von 1,5. Heben Sie Titel und wichtige Textstellen mit Fettschrift hervor oder markieren Sie sie mit Leuchtstift. Lassen Sie am rechten Rand genügend Platz für (handschriftliche) Notizen, zum Beispiel für Regieanweisungen wie «Blick ins Publikum», «Pause», «Folie 2», «Wechsel zu Manuela» u. a.

Stichwortkarten

Stichwortkarten (auch Moderationskarten genannt) enthalten im Gegensatz zum Redemanuskript nicht den Volltext, sondern nur Stichworte zum Inhalt sowie wichtige Regieanweisungen. Stichwortkarten sind wertvolle Hilfsmittel bei der freien Rede und haben folgende Vorteile:

- Durch das Erstellen der Karten prägt man sich den Inhalt und den Ablauf ein.
- Die Karten geben Sicherheit und nehmen die Angst vor einem «Blackout».
- Wichtiges, wie beispielsweise die Begrüssung, der erste Satz oder ein Zitat, kann wortwörtlich aufgeschrieben werden.
- Das Vortragen mit Karten ermöglicht den Blickkontakt zum Publikum.
- Mit Moderationskarten ist man in der Raumbewegung flexibel – dies im Gegensatz zum Vortrag an einem Rednerpult mit Redemanuskript
- Die Hände haben eine Funktion und können nicht in die Hosentaschen gesteckt werden.

TIPPS **Tipps für das Gestalten der Moderationskarten**

- stabile Karteikarten im Format A5 oder A6 verwenden
- immer nur einseitig beschriften
- übersichtlich gestalten
- grosse, gut lesbare Schrift verwenden
- fortlaufend nummerieren (grosse Ziffern, oben rechts)
- mit Hervorhebungen arbeiten (Fettschrift, Farben, Symbole u. a.)

Orientierungsbeispiele

Präsentation Burn-out	1
Die Kunst des Ausruhens ist ein Teil der Kunst des Arbeitens. John Steinbeck, amerik. Schriftsteller	Langsam, deutlich!
Geschätzte Anwesende Wie fühlen Sie sich heute? Gestresst? Angespannt? Oder ausgeruht?	Blick ins Publikum!

Präsentation Burn-out	2
Inhalt: 1. Grundlagen 2. Ursachen 3. Folgen 4. Therapiemöglichkeiten	> Flipchart
Fragerunde	> Beamer > Folie 1

3.7 Erkenntnisse zur Präsentation

1. Sie haben nun viel zum Thema «Präsentation» geübt und gelernt. Fassen Sie für Sie wichtige Erkenntnisse zum jeweiligen Bereich stichwortartig zusammen.

2. Heben Sie mit einer geeigneten Visualisierung all jene Punkte hervor, auf die Sie bei der nächsten Präsentation besonders achten werden.

ÜBUNG 1

Bereich	Wichtige Erkenntnisse
Sprache	
Körperhaltung	
Mimik, Gestik	
Gliederung	
Einleitung	
Schluss	
Visualisierung	
Medien	
Stichwortkarten	
Anderes	

3.8 Eine Präsentation beurteilen

Das Beurteilen von Leistungen ist eine anspruchsvolle Aufgabe. Bei einer Präsentation kommt erschwerend hinzu, dass man sich nicht auf exakte Kriterien und feste Massstäbe abstützen kann. Trotzdem sollte die Bewertung möglichst fair, sachlich und objektiv sein. Dies kann erreicht werden, wenn bestimmte Voraussetzungen erfüllt sind. Zudem gibt es Verfahren, die Beurteilungsfehler auf ein Minimum reduzieren.

Voraussetzungen

Angemessenheit	Die Erwartungen und Anforderungen sind dem Leistungsvermögen der Vortragenden angemessen. (Von einem Anfängerbergsteiger kann nicht erwartet werden, dass er nach drei Kurstagen gleich das Matterhorn besteigt.)
Fairness	Die Bedingungen sind für alle gleich: Auftrag, Ort, Dauer, Sozialform (Einzelarbeit, Gruppenarbeit), Beurteilungskriterien, Beurteilungsverfahren u. a.
Transparenz	Die Bedingungen und die Erwartungen sind im Voraus definiert. Wird mit einem Beurteilungsinstrument gearbeitet, ist auch dieses im Voraus bekannt.
Chancengerechtigkeit	Alle Vortragenden haben die gleichen Bedingungen und bekommen die Chance zu zeigen, was sie können. Es geht nicht darum, Fehler und Defizite aufzudecken.
Mehr-Augen-Prinzip	Die Leistung wird von mehreren Personen beurteilt. Die Beurteilung ist dadurch breiter abgestützt. Die Gefahr von Beurteilungsfehlern, Fehleinschätzungen und sogenannten «Sympathienoten» wird dadurch stark reduziert.

Beurteilungsverfahren Präsentation

Im Folgenden wird anhand eines konkreten Beispiels ein Beurteilungsverfahren vorgestellt, das an Schulen auf der Sekundarstufe I und II sowie in der Erwachsenenbildung angewendet wird. Das Verfahren berücksichtigt insbesondere das sogenannte «Mehr-Augen-Prinzip», indem die Beurteilung der Leistungen sowohl durch die Lehrperson als auch durch das Publikum (z. B. Klasse) erfolgt. Zudem erhöht dieses Verfahren die Aufmerksamkeit der Zuhörenden und leitet zu genauem Beobachten an.

Rahmenbedingungen

Für die Präsentation gelten folgende Rahmenbedingungen:
- Präsentation vor der Klasse zum Oberthema «Persönlichkeiten».
- Das Thema ist innerhalb des Oberthemas frei wählbar.
- Einzelarbeit (Partnerarbeit ist nach Rücksprache mit der Lehrperson möglich).
- Datum der Präsentation gemäss Terminliste.
- Dauer 10 bis max. 15 Minuten.
- Es kommen mindestens zwei verschiedene Medien zum Einsatz.

Beurteilungsverfahren

- Die Beurteilung erfolgt unmittelbar nach der Präsentation.
- Die Beurteilung basiert auf im Voraus definierten Kriterien.
- Das Beurteilungsblatt mit den Kriterien ist allen bekannt.
- Es können halbe und ganze Noten verteilt werden, Skala 6 bis 1.
- Zur Vermeidung von sogenannten Sympathie- bzw. Antipathienoten werden die höchste und die tiefste Note gestrichen.
- Die Note der Lehrperson zählt 50 Prozent.
- Der Durchschnitt der Klassennote (ungerundet) zählt ebenfalls 50 Prozent.
- Die Endnote ergibt sich aus dem Durchschnitt der beiden Werte und wird gerundet.
- Das Beurteilungsverfahren wird mit einem Probelauf eingeübt.

Ablauf bei der Notenberechnung

1. Unmittelbar nach der Präsentation schreiben die Zuhörenden ihre Note anonym auf einen Zettel.
2. Die gefalteten Zettel werden eingezogen.
3. Die Lehrperson liest die einzelnen Noten vor; zwei Lernende errechnen den Durchschnitt. (Beispiel 4.68)
4. Die Lehrperson gibt ihre Note bekannt. (Beispiel 5.0; ergibt den Durchschnitt von 4.84, aufgerundet die Note 5.)

Mündliches Feedback

Die vortragende Person kann ein paar Kolleginnen und Kollegen um ein kurzes Feedback bitten (siehe dazu Seite 107). Diese Rückmeldung kann unmittelbar nach der Notengebung im Plenum oder zu einem späteren Zeitpunkt zu zweit oder in der Gruppe erfolgen. Ebenfalls erfolgt eine Rückmeldung durch die Lehrperson – mündlich oder schriftlich.

Beurteilungsinstrument für Präsentationen

→| **ANHANG**

Das Beurteilungsinstrument im Anhang auf Seite 155 ist in Zusammenarbeit mit Lernenden an einer kaufmännischen Schule entstanden. Die gemeinsame Erarbeitung hat den Vorteil, dass alle wissen, was verlangt wird, und sich so gezielt auf die Präsentation vorbereiten können. (Das Beurteilungsinstrument kann selbstverständlich beliebig abgeändert werden.)
Hinweis zur Anwendung: Da die mitbeurteilenden Lernenden immer dasselbe Beurteilungsblatt für alle Vorträge verwenden, sollten die Notizen mit Bleistift erfolgen.

Anhang

Mindmap, Cluster 138

A–Z-Liste zum Thema … 139

Merkmale von literarischen Texten 140

Wörterliste zur Beschreibung von Personen 141

Diagrammtypen 142

Ein Interview durchführen und verarbeiten: eine Anleitung 144

Fragebogen: Orientierungsbeispiel 145

Tätigkeitsbericht: Orientierungsbeispiel 146

Protokoll: Orientierungsbeispiel 147

Themen für Erörterungen 148

Lineare Erörterung: Orientierungsbeispiel 149

Dialektische Erörterung: Orientierungsbeispiel 150

Beurteilungsinstrument für Leserbriefe 152

Erzählung: Planungshilfe 153

Erzählungen: Beurteilungsinstrument 154

Beurteilungsinstrument Präsentationen 155

Facharbeit: Schluss und Anhang 156

Facharbeit: Websites 157

Facharbeit: Zeit- und Arbeitsplan (Orientierungsbeispiel) 157

Facharbeit: Checklisten 158

Aufbau und Gestaltung der Facharbeit: Orientierungsbeispiel 159

Glossar 163

Stichwortverzeichnis 167

Mindmap, Cluster

Mindmap

Das Wort «Mindmap» (auch «Mind-Map») stammt aus dem Englischen und meint eine Gedankenlandkarte oder Ideenlandkarte. Diese Form von Visualisierung eignet sich für das Aufzeigen von Zusammenhängen, Hierarchien und Strukturen. Anwendungen: Ideensammlung (Brainstorming), Zusammenfassungen, Prüfungsvorbereitungen, Planung von Vorträgen und Facharbeiten, Präsentationen (Referate, Resultate von Gruppenarbeiten) u. a.

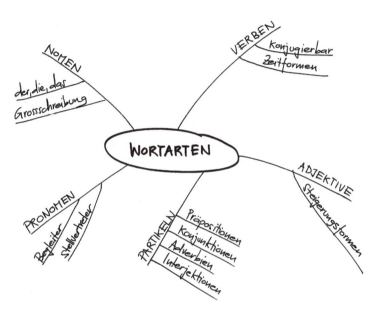

Cluster

Der Cluster ist wie die Mindmap eine einfache Visualisierungstechnik. Er verdeutlicht ebenfalls Zusammenhänge rund um einen Kernbegriff bzw. ein Kernthema. Cluster werden im Gegensatz zu Mindmaps auch eingesetzt, um Abläufe und Kreisläufe zu visualisieren.

Aus: Alex Bieli u. a.: Deutsch Kompaktwissen – Band 1, hep verlag, Bern, 2012, S. 136

A–Z-Liste zum Thema

A		A
Ä		Ä
B		B
C		C
D		D
E		E
F		F
G		G
H		H
I		I
J		J
K		K
L		L
M		M
N		N
O		O
Ö		Ö
P		P
Q		Q
R		R
S		S
Sch		Sch
St		St
T		T
U		U
Ü		Ü
V		V
W		W
X		X
Y		Y
Z		Z

Merkmale von literarischen Texten

Textsorte	Merkmale
Erzählung	• Erfundene oder eigene Erlebnisse werden fantasievoll und spannend in schriftlicher Form erzählt. • Die Geschichten können im realen Leben spielen oder es kann sich um eine reine Fantasiegeschichte handeln. • Spezielle Formen: Sage, Märchen, Fabel, Parabel, Kurzgeschichte.
Sage	• Erzählung mit historischem Hintergrund. • Die Geschichte wurde ursprünglich mündlich überliefert. • Das Ereignis wird fantasievoll erzählt, könnte sich aber – im Gegensatz zum Märchen – zugetragen haben. • Bekanntes Beispiel: Die Sage von Wilhelm Tell.
Märchen	• Märchen beginnen oft mit «Es war einmal …» • Zauberhafte Handlungen und Figuren; Tiere, Pflanzen und Gegenstände können sprechen. • Alles ist möglich; die Naturgesetze sind aufgehoben. • Der Inhalt baut auf Gegensätzen auf: gut / böse, arm / reich, schlau / dumm, schön / hässlich. Das Gute siegt. • Bekannte Beispiele: Hänsel und Gretel, Rotkäppchen, Dornröschen, Die Sterntaler (Brüder Grimm).
Fabel	• Meist sehr kurze Texte mit einem Höhepunkt (Pointe). • Es treten Tiere mit typischen menschlichen Eigenschaften auf (Löwe = stark, Fuchs = schlau, Hase = feige). • In vielen Fabeln ist am Schluss ein Lehrsatz formuliert («Die Moral der Geschichte»). • Einfach, kurze Sätze, viel Dialog (direkte Rede). • Bekanntes Beispiel: Der Rabe und der Fuchs.
Parabel (Gleichnis)	• Kurze lehrhafte Geschichte, die sich im Gegensatz zur Fabel in der Realität hätte abspielen können. • Die Erkenntnisse aus der Erzählung sollen von den Lesenden in ihr Alltagsleben übertragen werden. • Bekannte Beispiele: Die Ringparabel (Lessing), Das Gleichnis vom verlorenen Sohn (Bibel), Andorra (Frisch).
Kurzgeschichte	• Kurze Erzählung mit direktem Einstieg und offenem Schluss. • Sie beleuchtet einen kurzen Ausschnitt (Momentaufnahme) aus dem Leben eines Menschen. • Die Geschichte beinhaltet oft einen überraschenden Wendepunkt. • Eine Alltagssituation bzw. ein bestimmtes Thema steht im Zentrum. Die Lesenden sollen darüber nachdenken. • Die Sprache ist knapp, sogar minimalistisch. Vieles wird nur angedeutet; leicht verständliche Alltagssprache, direkte und indirekte Rede.
Satire	• Texte mit Sprachwitz, Ironie und Übertreibungen. • Eine Satire überzeichnet bewusst, vergleichbar mit einer Karikatur. • Mit einer Satire sollen Personen und/oder gesellschaftliche Zustände (z. B. Politik) kritisiert werden. • Die Satire ist nicht an eine Form gebunden; erzählende Formen, Theaterstücke, Gedichte u. a. sind möglich. • Die Sprache ist leicht verständlich, pointiert, emotional, humorvoll, aber auch angriffig und zynisch.
Gedicht	• Texte in Versform, oft aufgeteilt in Strophen und mit Reimen. • Meistens Ausdruck von persönlichen Empfindungen, Gefühlen, Stimmungen und Gedanken. • Kreative Wortschöpfungen, gefühlvoll, oft auch verschlüsselt. • Die Sprache ist wohlklingend und rhythmisch gestaltet. • Formen: Liebesgedichte, Trauergedicht, Naturgedichte, Lieder / Songs, Balladen.

Wörterliste zur Beschreibung von Personen

Die Liste ist nicht abschliessend; sie kann beliebig ergänzt werden.

A

achtsam
anpassungsfähig
anspruchsvoll
arbeitsfreudig
aufgestellt
aufrichtig

B

begeisterungsfähig
beherrscht
belastbar
berechenbar
besorgt
beweglich

C

charmant
clever

D

diplomatisch
diskret
diszipliniert
draufgängerisch
durchsetzungsstark
dynamisch

E

echt
effizient
eigenständig
einfallsreich
emotional
energiegeladen
engagiert
entgegenkommend
entscheidungsfreudig
erfinderisch
erfolgreich
erfolgsorientiert
erfrischend
ernst

F

fair
fantasievoll
feinfühlig
flexibel
flink
freundlich
friedlich

G

gebildet
geduldig
gefühlsbetont
gelassen
genau
genügsam
geschickt
gesellig
gewandt
gewissenhaft
glaubwürdig
gradlinig
grosszügig
gründlich
gutgelaunt

H

hartnäckig
heiter
herzlich
höflich
humorvoll

I

ideenreich
impulsiv
initiativ
innovativ
integer
intelligent
interessiert
introvertiert

K

kämpferisch
kommunikativ
kompetent
konfliktfähig
konsequent
konstruktiv
kontrolliert
konzentriert
kooperativ
kraftvoll
kreativ
kritikfähig
kritisch

L

lebhaft
leidenschaftlich
leistungsorientiert
lernfähig
lernfreudig
locker
logisch
lustig

M

machtbewusst
mitfühlend
mitreissend
motivierend
motiviert
mutig

N

nachgiebig
nachsichtig
natürlich
nervenstark
neugierig

O

objektiv
offen
offensiv
ordnungsliebend
originell

P

partnerschaftlich
pflichtbewusst
positiv
praktisch
präsent
präzise
produktiv

R

raffiniert
rational
realistisch
reif
risikofreudig
rücksichtsvoll
ruhig

S

sachbezogen
scharfsinnig
schlau
schweigsam
selbstkritisch
selbstsicher
sensibel
seriös
skeptisch
sorgsam
souverän
sparsam
spielerisch
spontan
sportlich
stabil
standfest
stark
streng

T

teamfähig
temperamentvoll
terminbewusst
traditionsbewusst
treu

U

überzeugend
unabhängig
unbekümmert
unbeschwert
unterhaltend
unternehmungslustig
unterstützend

V

verantwortungsvoll
verbindlich
vernünftig
verschwiegen
versöhnlich
verständnisvoll
vertrauensvoll
vertrauenswürdig
verwurzelt
vielseitig
visionär
vorsichtig

W

wachsam
wählerisch
wertschätzend
willensstark
wissbegierig
wohlüberlegt

Z

zielgerichtet
zufrieden
zugänglich
zupackend
zurückhaltend
zuverlässig
zuversichtlich
zuvorkommend

Diagrammtypen

Balkendiagramm

Neu abgeschlossene Lehrverträge, 2011

Balkendiagramme eignen sich gut zum Vergleich von verschiedenen Grössen und zur Veranschaulichung von Rangfolgen. Es geht um die Darstellung von Momentaufnahmen, nicht um die zeitliche Entwicklung.

- Alle Balken müssen gleich breit sein.
- Die Balken werden von oben nach unten der Grösse nach sortiert.

Beispiele: Lehrverträge nach Branche, Stimmbeteiligungen, Export von Gütern, Lohnvergleich zwischen den Branchen

Aus: Karl Uhr u.a.: Gesellschaft. Ausgabe A © hep verlag, Bern, 2013

Säulendiagramm

Umsatzzahlen 2013

Das Säulendiagramm ist nichts anderes als ein vertikales Balkendiagramm. Es wird ebenfalls verwendet, um verschiedene Grössen und Rangfolgen darzustellen. Es eignet sich zudem für die Darstellung einer Entwicklung, wenn auf der x-Achse die Zeitwerte angegeben sind (z.B. Monate, Jahre).

- Je nach Wert können die Säulen nach oben (Plus-Bereich) oder nach unten wachsen (Minus-Bereich).
- Zur besseren Lesbarkeit sollten die einzelnen Säulen nicht direkt aneinander anschliessen.

Beispiele: Grössen von Firmen, Steuerbelastung Kantone, Umsatzentwicklung pro Jahr, Wähleranteile von Parteien u.a.

Liniendiagramm

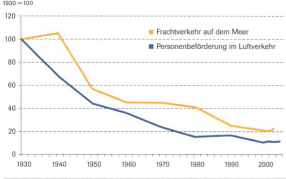

Technischer Fortschritt und Globalisierung, Reale Transportkosten (Index)

Mit Liniendiagrammen lassen sich am besten Entwicklungen über einen bestimmten Zeitraum darstellen. Auf der x-Achse wird die Zeitangabe eingetragen. Bei mehreren Datenreihen entstehen entsprechend verschiedene Linien (oder Kurven), die miteinander verglichen werden können. Um eine gute Leserbarkeit zu garantieren, sollten nicht mehr als vier bis sechs Datenreihen dargestellt werden.

Beispiele: Kostenentwicklung, Bevölkerungsentwicklung, Umsatzentwicklung, Entwicklung von Aktienwerten u.a.

Aus: Aymo Brunetti: Volkswirtschaftslehre © hep verlag, Bern, 2012

Flächendiagramm

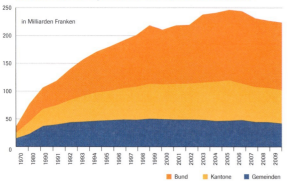

Schulden von Bund, Kantonen und Gemeinden seit 1970

Ein Flächendiagramm basiert auf dem Liniendiagramm und stellt die Entwicklung von Mengen dar. Die Mengen werden in der Regel gestapelt, das heisst addiert. Die Flächen zwischen den Achsen müssen grafisch unterschieden werden durch Farben, Muster oder Schraffuren.

Das Flächendiagramm eignet sich besonders gut für den Vergleich der Entwicklung von mehreren Datenreihen. Wie beim Liniendiagramm sollten auch hier nicht mehr als vier bis sechs Datenreihen dargestellt werden.

Aus: Karl Uhr u.a.: Gesellschaft. Ausgabe A © hep verlag, Bern, 2013

Kreisdiagramm

Erwerbstätige nach Erwerbsstatus, 2009

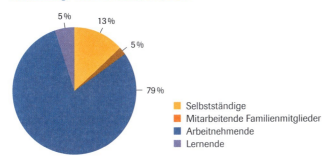

- 🟨 Selbstständige
- 🟧 Mitarbeitende Familienmitglieder
- 🟦 Arbeitnehmende
- 🟪 Lernende

Kreisdiagramme (auch Kuchen- oder Tortendiagramme genannt) eignen sich besonders für die Darstellung von Anteilen an einem Ganzen. Dabei muss immer die Gesamtmenge im Diagramm ersichtlich sein. Damit ein Kreisdiagramm übersichtlich und gut lesbar bleibt, sollten nicht mehr als sechs bis acht Teilwerte aufgeführt sein. Diese müssen deutlich beschriftet sein.

Beispiele: Anteil Erwerbstätige nach Sektoren, nach Alter, nach Erwerbsstatus usw.; Marktanteile verschiedener Firmen, Verwendung des Einkommens, Anteil Wählerstimmen der Parteien u. a.

Aus: Vera Friedli u. a.: Betriebswirtschaftslehre © hep verlag, Bern, 2013

Netzdiagramm

Beispiel eines Smartspiders

Netz- oder Spinnendiagramme (engl. *spider chart* oder *spider diagram*) stellen Werthaltungen oder politische Positionen in verschiedenen Themenbereichen dar. Ein Wert von 100 heisst «volle Zustimmung», O bedeutet «keine Zustimmung» zum formulierten Ziel. Es handelt sich dabei jedoch um ungefähre Einschätzungen der Positionen aufgrund eines Fragenkatalogs.

Aus: Karl Uhr u. a.: Gesellschaft. Ausgabe A © hep verlag, Bern, 2013

Flussdiagramm

Flussdiagramme stellen Prozesse und Arbeitsschritte dar. Runde Formen bezeichnen Start und Ende des Arbeitsprozesses, Rechtecke die Tätigkeiten, und Rauten symbolisieren Entscheide.

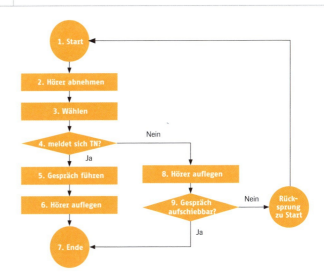

Aus: Alex Bieli (Hg.): W & G, Band 1, hep verlag, 2012

Baumdiagramm

Baumdiagramme zeigen Beziehungen in einem sozialen Netzwerk auf (z. B. Verwandtschaften, Hierarchien). Zwei bekannte Formen sind der Stammbaum und das Organigramm. Ein Organigramm stellt den Aufbau, die Strukturen sowie die Verteilung der Aufgaben und Zuständigkeiten eines Unternehmens dar.

Diese grafische Form eignet sich vor allem für grössere Unternehmen mit vielen Hierarchiestufen.

Je nach Detailliertheit und Verwendungszeck (intern/extern) gibt es Organigramme mit oder ohne namentliche Nennung der aktuellen Stelleninhaberinnen und Stelleninhaber.

Aus: Alex Bieli (Hg.): W & G, Band 1
© hep verlag, Bern, 2012

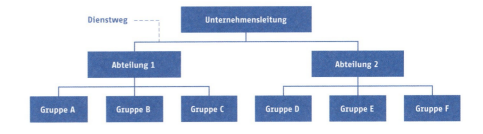

Ein Interview durchführen und verarbeiten: eine Anleitung

Phase	Inhalt	Hinweise
Vorbereitung	• Thema festlegen (Was?) • Ziel und Zweck des Interviews definieren (Wozu?) • Form festlegen: Interview zur Sache, zur Meinung, zur Person? • Geeignete Person suchen und auswählen (Wer?) • Kontakt aufnehmen und Bereitschaft abklären • Rahmenbedingungen besprechen: Thema, Zweck, Verwendung, Form, Termin, Ort, Zeit, Dauer • Vorinformationen beschaffen (Recherche) • Fragen formulieren, auswählen, logisch ordnen • Material organisieren: Aufnahmegerät, Notizblock, Schreibmaterial, Fotoapparat … • Arbeitsaufteilung abmachen	• Bei Absagen eine andere Person suchen • Mündliche Abmachungen schriftlich bestätigen (Mail) • Fünf bis zehn Fragen genügen in der Regel • Einstiegsfrage ausformulieren • Evtl. eine Checkliste erstellen • Passende Kleidung auswählen (siehe dazu auch die Ausführungen zur nonverbalen Kommunikation, Seiten 103 ff.)
Durchführung	• Begrüssung • Gegenseitiges Vorstellen • Rahmenbedingungen klären: Audioaufnahmen, Fotos, Funktionen der Personen … • Testlauf beim Einsatz von technischen Geräten • Gespräch mit der Einstiegsfrage beginnen • Klärungsfragen stellen («Habe ich Sie richtig verstanden …») • Folgefragen stellen («Welche Produkte verkaufen sich auch im Ausland gut?») • Um Präzisierungen bitten («Können Sie bitte dafür ein Beispiel geben?») • Ende ankündigen («Wir haben jetzt noch eine letzte Frage …») • Das weitere Vorgehen abmachen (z. B. Text zum Gegenlesen zustellen, Termine …) • Dank und Verabschiedung	• Pünktlich erscheinen, genug Zeit für die Reise einplanen • Wenn zwei oder drei Personen anwesend sind: Aufgaben klären (Wer stellt die Fragen? Wer protokolliert? Wer macht Fotos?) • Deutlich sprechen, offene Körperhaltung, Augenkontakt, aufmerksam zuhören, ausreden lassen … (siehe dazu auch das Kapitel «Kommunikation», Seiten 93 ff.)
Verarbeitung	• Wichtig: Notizen bzw. Aufnahmen direkt nach dem Gespräch verarbeiten • Formen: Je nach Auftrag als Interview mit Fragen und Antworten, als Zusammenfassung (siehe Seite 52) oder als Liste von ausgewählten Zitaten, die in einen Bericht integriert werden • Text auf Wunsch der interviewten Person zum Gegenlesen zustellen • Endfassung erstellen (Darstellung, Stil, Rechtschreibung, Zeichensetzung kontrollieren) • Besonderes zur Sprache: Aussagen in Mundart müssen in der Standardsprache niedergeschrieben werden	• Bei der Interviewform klar unterscheiden zwischen Frage und Antwort (z. B. durch fett, kursiv, Einzug …) • Anführungs- und Schlusszeichen sind nicht nötig. Doch ein wörtliches Zitat in einem Text muss mit «…» gekennzeichnet sein. • Bei der Umformung von Mundart in Standardsprache darauf achten, dass der Text echt und lebendig bleibt

Nach: Hanspeter Maurer u. a.: Handbuch Kompetenzen © hep verlag, Bern, 2012

Fragebogen: Orientierungsbeispiel

Umfrage zum Thema «Jugend und Alkohol»

Alter: _____ Geschlecht: _____

1. Wie alt warst du, als du zum ersten Mal Alkohol getrunken hast?

   ☐ Alter: _____ ☐ Ich habe noch nie Alkohol getrunken

2. Hast du jemals so viel Alkohol getrunken, dass du betrunken warst?

   ☐ Ja, einmal ☐ Ja, öfter als 10-mal
   ☐ Ja, 2- bis 3-mal ☐ Nein, noch nie
   ☐ Ja, 4- bis 10-mal

3. Wie alt warst du, als du das erste Mal betrunken warst?

   ☐ Alter: _____ ☐ Ich war noch nie betrunken

4. Warum trinkst du Alkohol? (mehrere Antworten möglich)

   ☐ Es schmeckt. ☐ Um Stress und Ärger zu vergessen.

   ☐ Es macht locker. ☐ Weil es viele tun.

   ☐ Es ist lustig. ☐ _____

   ☐ Es gehört zum Feiern dazu. _____

5. Wirst du von deinen Freunden zum Trinken gedrängt oder ermutigt?

   ☐ sehr oft ☐ oft ☐ selten ☐ nie

6. Wie schätzt du die gesundheitlichen Gefahren eines Alkoholrausches ein?

   ☐ 1 ☐ 2 ☐ 3 ☐ 4 ☐ 5 ☐ 6 ☐ 7 ☐ 8 ☐ 9 ☐ 10
   keine Gefahr mittlere Gefahr grosse Gefahr

7. In welcher Menge konsumierst du welche alkoholischen Getränke?

	nie	seltener als 1× pro Mt.	jeden Monat	jede Woche	jeden Tag
Bier	☐	☐	☐	☐	☐
Wein / Sekt	☐	☐	☐	☐	☐
Alkopops	☐	☐	☐	☐	☐
Schnaps / Drinks	☐	☐	☐	☐	☐
	☐	☐	☐	☐	☐

Aus: Markus Spiegel u. a.: Sprache und Kommunikation © hep verlag, Bern, 2011

Tätigkeitsbericht: Orientierungsbeispiel (gekürzte Fassung)

Tätigkeitsbericht

«Tag der offenen Tür 2012» Firma So&So AG, Sursee

Ausgangslage

Unser Lehrbetrieb führt seit zehn Jahren jeweils im Herbst einen «Tag der offenen Tür» durch. Eingeladen sind alle Kundinnen und Kunden, die Lieferanten sowie Mitglieder der Behörden von Sursee und der umliegenden Gemeinden. Der Anlass erfreut sich sowohl bei den Besucherinnen und Besuchern als auch bei der Belegschaft grosser Beliebtheit. Die Organisation des Tages liegt jeweils in den Händen der Lernenden. Unser Auftrag lautete: *Die fünf Lernenden der Firma organisieren den diesjährigen «Tag der offenen Tür» als weitgehend selbstständige Projektarbeit.*

Rahmenbedingungen

* Datum, Zeit: Freitag, 26. Oktober 2012; Beginn um 10 Uhr, Schluss um 17 Uhr
* Die Programmgestaltung ist frei, muss aber der Geschäftsleitung zur Prüfung vorgelegt werden.
* Das Budget beträgt 8000 Franken.
* Die ganze Infrastruktur der Firma kann miteinbezogen werden.
* Zur Unterstützung stehen die Mitarbeitenden zur Verfügung.
* Der Anlass muss nach der Methode IPERKA geplant werden.

Ziele

* den Anlass weitgehend selbstständig organisieren
* einen Event auf die Beine stellen, mit dem alle zufrieden sind
* das Budget einhalten

Arbeitsschritte

Gemäss dem ersten Schritt (Informieren) der IPERKA-Methode vereinbarten wir gleich nach der Auftragserteilung ein Gespräch mit Frau Elke Sutter, der Berufsbildnerin, und Herrn Felix Meyer, dem Geschäftsleiter. In diesem Gespräch ging es darum, unsere offenen Fragen zum Auftrag zu klären.

Den zweiten Schritt (Planen) begannen wir mit einem Brainstorming. Die vielen Ideen wurden anschliessend besprochen und bewertet. Zudem wählten wir an dieser Sitzung Manuela Züger zur Teamleiterin.

An einer weiteren Sitzung, an der auch Frau Sutter teilnahm, entschieden wir, dass drei Elemente den Tag prägen sollen: Gespräche, Musik und Überraschungen. Nun ging es gemäss dem vierten Schritt der Methode IPERKA um das Realisieren der Ideen. Dazu nahmen wir folgende Arbeitsaufteilung vor:

* Manuela Züger: Teamleitung, Finanzen, Kommunikation
* Paulo Alves, Nina Anderegg: Gespräche und Musik, Werbung
* Barbara Egloff und Saroslav Michalik: Überraschungen, Protokolle

Am 16. März 2012 stand uns für das Erstellen des Konzepts ein ganzer Arbeitstag zur Verfügung. An diesem Tag stand uns Frau Sutter beratend zur Seite. *(Fortsetzung in chronologischer Reihenfolge)*

Fazit

Die Resultate unserer Umfrage zeigen, dass der «Tag der offenen Tür 2012» mehrheitlich gut ankam. Die kleinen Pannen (z. B. Verspätung der Musikband) haben uns zwar geärgert, die Gäste aber haben mit Gelassenheit reagiert. Unsere Erkenntnis: Es braucht vor dem Event nochmals kurze Kontakte, um sicherzustellen, dass Ort und Zeit bekannt sind.

Die Zusammenarbeit in unserem Team war trotz stressigen Momenten angenehm und konstruktiv. Wertvoll war auch die Unterstützung durch Frau Sutter und die anderen Mitarbeitenden. Auch die Planung des Events mit der Methode IPERKA hat uns sehr geholfen.

Nicht ganz zufrieden sind wir mit unserer finanziellen Planung. Die Schlussabrechnung weist leider ein Defizit von 1340 Franken auf. In diesem Punkt haben wir das Ziel nicht erreicht. Wir nehmen dies gemäss dem Motto «Nur wer Fehler macht, kommt weiter» als wertvolle Erfahrung ins nächste Projekt mit.

Beilagen

Konzept vom 16.3.2012, Budget und Abrechnung, Zeitungsbericht vom 30.12.2012

Sursee, 30. November 2012
Paulo Alves, Nina Anderegg, Barbara Egloff, Saroslav Michalik, Manuela Züger

Protokoll: Orientierungsbeispiel (gekürzte Fassung)

Protokoll

Sitzung Organisationsteam Jahresausflug OfficePlus GmbH, Altdorf

Datum, Zeit:	Mittwoch, 27. März 2013, 13.30 – 15.00 Uhr
Ort:	Sitzungszimmer 04, 2. Stock
Anwesende:	Werner Bloch (WB), Renata Fabri (RF), Kurt Joho (KJ), Claudia Kaves (CK), Annette Müller (AM), Paula Neuer (PN), Marc Wechsler (MW)
Entschuldigte:	Ludmilla Pertri (LP)
Leitung:	Paula Neuer (PN)
Protokoll:	Renata Fabri (RF)
Traktanden:	1. Protokoll vom 20. Februar 2013
	2. Allgemeine Informationen
	3. Ideensammlung Jahresausflug 2013
	4. Prov. Auswahl von 3 Ideen
	5. Diverses

Paula Neuer begrüsst alle zur Sitzung, insbesondere Annette Müller, die neu zu unserem Team gestossen ist. Für Claudia Kaves, Vertreterin der Lernenden, ist es die letzte Sitzung. – Mit der vorliegenden Traktandenliste sind alle einverstanden.

Traktanden	Aufträge: was, wer, bis wann?
1. Protokoll 2. März 2013 – MW weist darauf hin, dass er für die Sitzung vom 20. Februar entschuldigt war, jedoch unter den Anwesenden aufgeführt sei. – KJ möchte präzisiert haben, dass die Umfrage zum Jahresausflug nicht nur beim Vertrieb, sondern bei allen Abteilungen durchgeführt wurde. – Das Protokoll wird mit den beiden Korrekturen genehmigt und verdankt.	
2. Allgemeine Informationen – PN gibt bekannt, dass die Geschäftsleitung wiederum 2 Arbeitstage für den Ausflug 2013 bewilligt hat. Unklar ist noch, in welcher Höhe sich die Firma an den Kosten beteiligt. – Die Geschäftsleitung wünscht, dass Verschiebedaten eingeplant werden.	PN klärt ab bis 22.06.13
3. Ideensammlung Ausflug 2013 (Brainstorming) – [Text] …	
4. Prov. Auswahl von drei Ideen – [Text] …	Idee 1: PN und GE Idee 2: AM und MW Idee 3: WB und KJ
5. Diverses – Neues Mitglied: Für die Nachfolge von CK sollen bis zur nächsten Sitzung interessierte Personen gesucht werden, vorzugsweise in den Kreisen der Lernenden. WB geht auf Werbetour und unterbreitet Vorschläge.	WB, bis 15.05.13
– Paula Neuer überreicht Claudia Kaves zur Verabschiedung einen Blumenstrauss und dankt ihr für die wertvolle Mitarbeit im Team.	PN, bis 15.05.13
– Nächste Sitzung: Mittwoch, 15. Mai; Einladung folgt per E-Mail.	

Schluss der Sitzung: 14.45 Uhr
Für das Protokoll:

R. Fabri

Renata Fabri

Themen für Erörterungen

Themen für lineare Erörterungen*

- Weshalb ich gerne in (Wohnort) wohne
- Weshalb ich gerne in der Schweiz lebe
- Weshalb ich später in der Stadt wohnen möchte
- Weshalb ich mich für eine Berufsausbildung entschieden habe
- Deshalb liebe ich mein Hobby
- Ich bin gerne in einem Verein. Die Gründe
- Aus folgenden Gründen engagiere ich mich aktiv in der Politik
- Aus diesen Gründen möchte ich einmal eine eigene Familie haben
- Sollen Noten abgeschafft werden?
- «Der Kunde ist König»
- Autofahren erst mit 20?
- Jede Person sollte einmal für mindestens ein Jahr im Ausland leben.
- «Was Hänschen nicht lernt, lernt Hans nimmermehr», sagt ein Sprichwort. Stimmt das wirklich?
- «Verwöhnte Jugend!», hört man oft von älteren Menschen. Nehmen Sie dazu Stellung.
- «Die Gleichberechtigung beginnt in der Partnerschaft.»

*Einige Themen lassen sich auch dialektisch abhandeln.

Themen für dialektische Erörterungen (Pro-Kontra-Erörterung)

- Vor- und Nachteile des Landlebens
- Welche Gründe sprechen für, welche gegen das Wohnen in einer Stadt?
- In der eigenen Wohnung leben? Vor- und Nachteile
- Haustiere. Vor- und Nachteile
- Die Schule sollte alle Lehrmittel nur noch in digitaler Form anbieten. Was spricht dafür, was dagegen?
- Sollen Computer bereits im Kindergarten eingesetzt werden? Welche Gründe sprechen dafür, welche dagegen?
- Weiterstudieren an einer Fachhochschule? Was spricht dafür? Was dagegen?
- Jede in der Schweiz lebende erwachsene Person soll vom Staat ein Grundeinkommen von 2500 Franken erhalten. Pro Kind gibt es 600 Franken. Was spricht dafür? Was dagegen?
- Vier-Tage-Woche für alle? Die Pro- und Kontra-Argumente
- Autofahrern, die einen schweren Unfall verursacht haben, soll der Führerschein für immer entzogen werden. Welche Argumente sprechen dafür? Welche dagegen?
- Olympische Sommerspiele in der Schweiz. Erörtern Sie die Pro- und Kontra-Argumente.
- Striktes Alkoholverbot für Jugendliche bis 20 Jahre. Die Argumente dafür und dagegen

Lineare Erörterung: Orientierungsbeispiel

Aufbau, Inhalt	Text
Titel	**Olympische Winterspiele in der Schweiz** **Was spricht dafür?**
Einleitung Hinführung zum Thema, sachlich, neutral Abschluss mit einer Frage	**In der Schweiz sollen wieder einmal Olympische Winterspiele stattfinden. Es wäre nach 1928 und 1948 erst das dritte Mal, dass eine Winterolympiade in der Schweiz stattfindet. Am Schluss entscheidet das Internationale Olympische Komitee IOC. – Welche Vorteile hätte dieser sportliche Grossanlass für die Schweiz?**
Hauptteil **Pro-Argument 1:** Wintersportland Sportbegeisterung	Die Schweiz ist ein klassisches Wintersportland mit einer wunderbaren Bergwelt. Hinzu kommt, dass der Wintersport in der Schweiz eine lange Tradition hat und sehr beliebt ist. Denken wir nur an die grosse Begeisterung bei alpinen Skiwettkämpfen (z. B. am Lauberhornrennen) oder an die vielen Fans bei Eishockeyspielen. Die Wettkämpfe einer Winterolympiade würden sicher von zahlreichen Schweizerinnen und Schweizern besucht oder zumindest am Fernsehen mitverfolgt werden.
Pro-Argument 2: Infrastruktur vorhanden: Bahnen, Strassen, Hallen, Rennpisten … Erfahrung mit grossen Anlässen	Da in der Schweiz regelmässig Grossanlässe durchgeführt werden, so zum Beispiel die Eishockey-WM 2009 und die Ski-WM 2003 in St. Moritz, besteht bereits eine gute Infrastruktur. Grosse Eishallen (Bern, Zürich, Davos u. a.), Rennpisten und auch Sprungschanzen (z. B. in Einsiedeln) sind schon vorhanden. Nicht zu vergessen sind die bestens ausgebauten Verkehrswege (Bahnen, Strassen). Für eine Winterolympiade müsste also nicht allzu viel Geld in neue Bauten investiert werden, da viel bereits Vorhandenes verwendet werden könnte.
Pro-Argument 3: Das wichtigste Pro-Argument: Werbung, Tourismus, Arbeitsplätze	Ein wichtiger Punkt ist die Werbung für das Tourismusland Schweiz. Während der Olympiade würden täglich Millionen Zuschauerinnen und Zuschauer aus der ganzen Welt die verschiedenen Wettkämpfe am Fernsehen mitverfolgen. Die Schweiz hätte die Möglichkeit, sich von ihrer besten und schönsten Seite zu zeigen. Das ist quasi Gratiswerbung für die gesamte Tourismusbranche! Sicher würden die Hotels nicht nur während der Spiele ausgebucht sein, sondern könnten ihre Übernachtungszahlen auch danach steigern. Dies ist auch wichtig für die Beschäftigungssituation in dieser Branche.
Schluss Persönliche Stellungnahme, Ausblick, Hoffnung auf positive Entwicklung	Es gibt sicher noch weitere Argumente, die für die Durchführung einer Winterolympiade sprechen. Gewiss ist: Die Schweiz wäre der ideale Ort für Olympische Winterspiele. So hoffe ich, dass die Bewerbung der Schweiz diesmal erfolgreich ist und nicht wie bei früheren Bewerbungen am Entscheid des IOC scheitern wird. Es wäre für unser Land eine grosse verpasste Chance. *Sergio Pro-Müller*

Dialektische Erörterung: Orientierungsbeispiel

Aufbau, Inhalt	Text
Titel	**Olympische Winterspiele in der Schweiz** **Was spricht dafür? Was sind die Nachteile?**
Einleitung Hinführung zum Thema sachlich, ohne Wertung Abschluss mit einer Fragestellung	**In der Schweiz sollen wieder einmal Olympische Winterspiele stattfinden. Es wäre nach 1928 und 1948 erst das dritte Mal, dass eine Winterolympiade in der Schweiz stattfindet. Am Schluss entscheidet das Internationale Olympische Komitee IOC. – Welche Vorteile hätte dieses sportliche Grossereignis für die Schweiz? Was spricht gegen einen solchen Grossanlass?**
Hauptteil 1 **Pro-Argument 1:** Wintersportland, Sportbegeisterung	Die Schweiz ist ein klassisches Wintersportland mit einer wunderbaren Bergwelt. Hinzu kommt, dass der Wintersport in der Schweiz eine lange Tradition hat und sehr beliebt ist. Denken wir an die grosse Begeisterung bei alpinen Skiwettkämpfen (z. B. am Lauberhornrennen) und an die vielen Fans bei Eishockeyspielen. Die Wettkämpfe einer Winterolympiade würden sicher von zahlreichen Schweizerinnen und Schweizern besucht oder zumindest am Fernsehen mitverfolgt werden.
Pro-Argument 2: Infrastruktur vorhanden: Bahnen, Strassen, Hallen, Rennpisten … Erfahrung mit grossen Anlässen	Da in der Schweiz regelmässig Grossanlässe durchgeführt werden, so zum Beispiel die Eishockey-WM 2009 und die Ski-WM 2003 in St. Moritz, besteht bereits eine gute Infrastruktur. Grosse Eishallen (Bern, Zürich, Davos u. a.), Rennpisten und auch Sprungschanzen (z. B. in Einsiedeln) sind schon vorhanden. Nicht zu vergessen sind die bestens ausgebauten Verkehrswege (Bahnen, Strassen). Für eine Winterolympiade müsste also nicht allzu viel Geld in neue Bauten investiert werden, da viel bereits Vorhandenes verwendet werden könnte.
Pro-Argument 3: Das wichtigste Pro-Argument: Werbung, Tourismus, Arbeitsplätze	Ein wichtiger Punkt ist die Werbung für das Tourismusland Schweiz. Während der Olympiade würden täglich Millionen Zuschauerinnen und Zuschauer aus der ganzen Welt die verschiedenen Wettkämpfe am Fernsehen mitverfolgen. Die Schweiz hätte die Möglichkeit, sich von ihrer besten und schönsten Seite zeigen. Das ist quasi Gratiswerbung für die gesamte Tourismusbranche. Sicher würden die Hotels nicht nur während der Spiele ausgebucht sein, sondern könnten ihre Übernachtungszahlen auch danach steigern. Dies ist auch wichtig für die Beschäftigungssituation in dieser Branche.
WENDEPUNKT **Hauptteil 2**	Das sind drei überzeugende Argumente für die Durchführung Olympischer Winterspiele in unserem Land. Welche Argumente sprechen dagegen?
Kontra-Argument 1 Kosten, Defizit	Bei vielen Grossanlässen kommt es zu finanziellen Verlusten. So schlossen sowohl die Olympischen Winterspiele in Turin (2006) als auch jene von Vancouver (2010) mit hohen Defiziten ab. Im Vorfeld werden die Kosten meistens viel zu optimistisch berechnet. Wenn dann Schulden entstehen, müssen diese von der Allgemeinheit, sprich: von der steuerzahlenden Bevölkerung, übernommen werden.

Kontra-Argument 2
Umweltbelastung

Nicht nur die Finanzen des Austragungslandes würden stark belastet, sondern auch die Umwelt. Das IOC bestimmt, wie die Wettkampfanlagen (z.B. Skipisten) gebaut werden müssen, und legt auch die Grösse der Indoor-Anlagen und des olympischen Dorfes fest. Auch wenn in der Schweiz schon vieles vorhanden ist, müssten Eingriffe in die Natur vorgenommen werden. Nicht zu vergessen ist die Umweltbelastung durch das hohe Verkehrsaufkommen während der Spiele (Flugreisen, Bus- und Autofahrten, Pistenfahrzeuge). Unsere Alpenregion ist ein sensibles Ökosystem und schon heute stark übernutzt; sie sollte nicht durch sportliche Grossanlässe noch mehr belastet werden.

Kontra-Argument 3
Das wichtigste
Kontra-Argument:
Grundsätzliche Kritik an
der heutigen Form:
Druck, Doping, Geld

Schliesslich muss der Sinn und Zweck von Olympischen Spielen grundsätzlich hinterfragt werden. Kann man wirklich noch von «Spielen» sprechen? Eine Olympiade ist heute ein gigantisches Geschäft. Die Sommerolympiade in London von 2012 kostete 18 Milliarden Franken. Alle wollen verdienen: Das IOC, die Veranstalter, die Medienkonzerne, die Sponsoren, die Bau- und Hotelbranche, die Wintersportgeschäfte usw. Im Vordergrund steht schon längst nicht mehr «das friedliche Fest der Jugend»; es dreht sich alles um das olympische Motto «schneller, höher, stärker». Der Druck auf die Sportlerinnen und Sportler ist enorm, der Griff zu Doping verlockend. Denn es zählt nur der Sieg.

Schluss
Persönliche Stellungnahme, Ausblick,
Hoffnung auf positive
Entwicklung

Für mich ist klar: Die wirtschaftlichen Risiken und die ökologischen Nachteile von sportlichen Grossveranstaltungen sind zu gross. Daher bin ich klar gegen die Austragung von Olympischen Winterspielen in der Schweiz und hoffe sehr, dass die Olympia-Kandidatur nicht durchkommt. Gleichzeitig wünsche ich mir, dass die ursprüngliche Idee der Olympiade, nämlich das «Treffen der Jugend der Welt zum sportlichen Vergleich und zur Völkerverständigung», wieder in den Vordergrund rückt.

Jacqueline Kontra-Meier

Beurteilungsinstrument für Leserbriefe

Beurteilen Sie den Text, indem Sie die einzelnen Kriterien genau lesen und den Text danach bewerten. Verbinden Sie am Schluss die einzelnen Bewertungspunkte zu einer Linie; dadurch entsteht die sogenannte Qualitätslinie. Sie haben auch die Möglichkeit, Bemerkungen, Hinweise und Fragen zu formulieren.

Skala: 4 = stimmt / 3 = stimmt weitgehend / 2 = stimmt teilweise / 1 = stimmt nicht

Kriterien	4	3	2	1
1. Die Meinung kommt klar zum Ausdruck.	☐	☐	☐	☐
2. Man spürt das Engagement des Verfassers / der Verfasserin.	☐	☐	☐	☐
3. Die Argumente sind überzeugend dargelegt.	☐	☐	☐	☐
4. Die Meinungen werden belegt.	☐	☐	☐	☐
5. Der Titel passt zum Inhalt.	☐	☐	☐	☐
6. Der Schluss wirkt überzeugend.	☐	☐	☐	☐
7. Die Sprache ist klar verständlich.	☐	☐	☐	☐
8. Die Wortwahl ist differenziert.	☐	☐	☐	☐
9. Der Text ist gut aufgebaut (Einleitung, Hauptteil, Schluss).	☐	☐	☐	☐
10. Der Text ist fehlerfrei (Rechtschreibung, Zeichensetzung, Grammatik).	☐	☐	☐	☐

Bemerkungen, Hinweise, Fragen:

Erzählung: Planungshilfe

Planungshilfe für das systematische Vorgehen

Ausgangspunkt:	Variante A / B / C / D (siehe Seite 84)
Form:	reine Fantasiegeschichte / selber Erlebtes / Gehörtes / Gelesenes / Mischformen
Atmosphäre:	sachlich-ernst / witzig-humorvoll / tragisch-traurig / Mischformen
Hauptfigur:	Name, Geschlecht, Alter, Beruf, Charakter …

Nebenfiguren: Name, Geschlecht, Alter, Beruf, Charakter …

Thema: Was ist das zentrale Thema?

Zeit: Wann spielt die Geschichte?

Erzählperspektive: Ich-Erzählung / Sie-Erzählung / Er-Erzählung / Wir-Erzählung / Mischformen

Spannungsaufbau / Handlung:

Anfang

Höhepunkt / Wendepunkt

Schluss (offen, geschlossen)

Erzählung: Beurteilungsinstrument

Beurteilen Sie den Text, indem Sie die einzelnen Kriterien genau lesen und bewerten. Verbinden Sie am Schluss die einzelnen Bewertungspunkte zu einer Linie; dadurch entsteht die sogenannte Qualitätslinie. Sie haben auch die Möglichkeit, Bemerkungen, Hinweise und Fragen zu formulieren.

Skala: 4 = stimmt / 3 = stimmt weitgehend / 2 = stimmt teilweise / 1 = stimmt nicht

Kriterien	4	3	2	1
1. Die Geschichte ist fantasievoll erzählt.	☐	☐	☐	☐
2. Das Hauptthema geht wie ein roter Faden durch die Geschichte.	☐	☐	☐	☐
3. Der Aufbau der Erzählung ist spannend gestaltet.	☐	☐	☐	☐
4. Ein Höhepunkt bzw. Wendepunkt ist klar erkennbar.	☐	☐	☐	☐
5. Der Schluss ist interessant.	☐	☐	☐	☐
6. Die Figuren sind gut charakterisiert.	☐	☐	☐	☐
7. Es ist immer klar, aus welcher Perspektive erzählt wird.	☐	☐	☐	☐
8. Sprache und Stil passen zur Geschichte und zu den Figuren.	☐	☐	☐	☐
9. Die Sprache ist abwechslungsreich und lebendig.	☐	☐	☐	☐
10. Der Text ist fehlerfrei (Rechtschreibung, Zeichensetzung, Grammatik).	☐	☐	☐	☐

Bemerkungen, Hinweise, Fragen:

....

....

....

....

....

....

....

....

....

....

....

....

....

....

Beurteilungsinstrument Präsentationen

Hinweise

- Jede Person gibt eine Note ab, anonym auf einem separaten Zettel.
- Es können ganze und halbe Noten gesetzt werden. Die höchste und tiefste Note werden gestrichen.
- Das Beurteilungsblatt dient als Grundlage für die Notengebung und bleibt bei der beurteilenden Person.
- Die Note der Lehrperson und der ungerundete Durchschnitt der Klasse zählen je 50 Prozent.
- Die Endnote ergibt sich aus dem Durchschnitt der beiden Werte und wird auf eine halbe bzw. ganze Note gerundet.

Name:	Datum:
Thema:	Meine Note:

Skala: 4 = trifft ganz zu / 3 = trifft grösstenteils zu / 2 = trifft zum Teil zu / 1 = trifft nicht zu

		4	3	2	1
1	**Inhalt**				
1.1	Das Thema wurde aus verschiedenen Blickwinkeln beleuchtet.	☐	☐	☐	☐
1.2	Die verschiedenen Aspekte wurden in einem ausgewogenen Verhältnis dargestellt.	☐	☐	☐	☐
1.3	Die Informationen waren korrekt.	☐	☐	☐	☐
1.4	Die Fragen wurden richtig beantwortet.	☐	☐	☐	☐
2	**Aufbau**				
2.1	Die Präsentation hatte eine klare Gliederung.	☐	☐	☐	☐
2.2	Die Gliederung wurde zu Beginn bekannt gegeben.	☐	☐	☐	☐
2.3	Der Einstieg weckte das Interesse.	☐	☐	☐	☐
2.4	Der Schluss war überzeugend.	☐	☐	☐	☐
2.5	Das Gliederungsmodell des Hauptteils passte zum Thema.	☐	☐	☐	☐
3	**Auftritt**				
3.1	Der Auftritt wirkte engagiert.	☐	☐	☐	☐
3.2	Die Körperhaltung war offen und aufrecht.	☐	☐	☐	☐
3.3	Der Blick war ins Publikum gerichtet.	☐	☐	☐	☐
3.4	Mimik und Gestik wirkten angenehm.	☐	☐	☐	☐
3.5	Die äussere Erscheinung war passend.	☐	☐	☐	☐
4	**Sprache**				
4.1	Die Sprache war fehlerfrei.	☐	☐	☐	☐
4.2	Die Aussprache war deutlich.	☐	☐	☐	☐
4.3	Die Lautstärke war angemessen.	☐	☐	☐	☐
4.4	Der Wortschatz war differenziert.	☐	☐	☐	☐
4.5	Der Inhalt wurde in freier Rede vorgetragen.	☐	☐	☐	☐
5	**Visualisierung**				
5.1	Die Visualisierungen unterstützten das Gesagte.	☐	☐	☐	☐
5.2	Die Visualisierungsformen passten zum Inhalt.	☐	☐	☐	☐
5.3	Die gewählten Medien wurden gut eingesetzt.	☐	☐	☐	☐
5.4	Die Technik klappte reibungslos.	☐	☐	☐	☐

Facharbeit: Schluss und Anhang

Schlusswort

Das Schlusswort umfasst wie die Einleitung zirka eine Seite, verfasst aus einer persönlichen Perspektive (Ich-/Wir-Formen).

Das Schlusswort kann beinhalten:

- Eine kurze, prägnante Zusammenfassung der wichtigsten Resultate
- Die wichtigsten Erkenntnisse
- Noch ungeklärte Fragen zum Thema
- Ausblick in die weitere Entwicklung
- In einem separaten Abschnitt: persönliche Rückschau und Bewertung (Positives/Negatives) des Arbeitsprozesses und Dank

Redlichkeitserklärung (siehe Seite 84)

Anhang

Im Anhang können aufgelistet und beigelegt werden:

- Konzepterarbeitung
- Arbeitsplan
- Arbeitsjournal
- Fragebogen Umfrage
- Korrespondenz
- andere für die Dokumentation wichtige Unterlagen

Hinweis: Verwenden Sie für den Anhang eine separate Seite.

Facharbeit: Websites

Eine Auswahl an Websites

Websites für Inhaltliches	
www.wikipedia.org	Das bekannteste Online-Lexikon, wird laufend aktualisiert
www.admin.ch	Portal der Bundesverwaltung
www.statistik.ch	Portal des Bundesamts für Statistik
www.swissworld.org	Diverse Themen der Schweiz
www.feelok.ch	Spezielle Themen für Jugendliche
Websites der verschiedenen Tageszeitungen und Zeitschriften	Aktualitäten; einfache Suche mit Stichwort-Eingabe

Websites für Sprachliches	
www.duden.de	Rechtschreibung, Grammatik, Worterklärungen
www.korrekturen.de	Rechtschreibung, Zeichensetzung, Grammatik
synonyme.woxikon.de	Synonyme, Worterklärungen
www.lexikon.ch	Zitate, Sprichwörter, Aphorismen, Sprüche
www.canoo.net	Synonyme, Oberbegriffe, Unterbegriffe
translate.google.ch	Übersetzungen, diverse Sprachen
dict.leo.org	Übersetzungen, diverse Sprachen
www.dict.cc	Übersetzungen Deutsch-Englisch

Facharbeit: Zeit- und Arbeitsplan (Orientierungsbeispiel)

Schritte	bis 30. Jan.	bis 16. Feb.	bis 22. Feb.	bis 20. März	bis 8. April	bis 30. April	am 15. Mai	Bemerkungen
Arbeitsplan erstellt	■							Besprechung am 24. Januar, 13 Uhr
Infos gesammelt		■						Mindmap, Karteikarten, Notizen, Kopien
Disposition erstellt			■					Besprechung mit Frau Zweifel am Freitag, 22. Januar, 8 Uhr
Rohfassung geschrieben				■				Layout-Vorlage verwenden
Text redigiert					■			Durchsicht des Textes durch Maria Christen, 3. Lehrjahr
Schlusskontrolle						■		Checkliste Ausdruck im Büro, 3 Expl.
Abgabe							■	In der Deutschstunde

Facharbeit: Checklisten

Checkliste für die Facharbeit

Inhalt		Sprache	
Gibt es inhaltliche Wiederholungen?		Liest sich der Text flüssig?	
Gibt es inhaltliche Widersprüche?		Ist die Sprache gut verständlich?	
Fehlt etwas Wichtiges?		Ist der Schreibstil einheitlich?	
Gibt es Teile, die man weglassen kann?		Gibt es störende Wortwiederholungen?	
Ist der Sachverhalt korrekt dargestellt?		Kommen holprige Formulierungen vor?	
Sind die Fachbegriffe korrekt?		Ist der Satzbau abwechslungsreich?	
Werden Fachbegriffe und Abkürzungen erklärt?		Kommen nichtssagende Floskeln vor?	
Sind die Namen korrekt?		Kommen vorwiegend Aktivsätze vor?	
Sind die Zahlen und Daten korrekt?		Sind die Adjektive passend?	
Werden Meinungen begründet?		Stimmt die Rechtschreibung?	
Sind die Übergänge harmonisch?		Stimmt die Zeichensetzung?	
Passen die Zwischentitel zum Inhalt?		Kommen Grammatikfehler vor?	
Passt der Schluss zur Einleitung?		Sind die Zitate als solche gekennzeichnet?	

Checkliste für die Schlusskontrolle einer Facharbeit

Formales	
Stimmen Inhaltsverzeichnis und Seitenzahlen überein?	
Stimmt die Systematik bei den Titeln und Untertiteln?	
Sind alle Namen und Daten korrekt?	
Sind alle Bilder und Grafiken mit Textlegenden versehen?	
Sind Diagramme korrekt beschriftet: Titel, Achsen, Quelle, Kurzkommentar	
Stimmen Schrifttypen und Schriftgrössen?	
Hat es Wörter mit unnötiger Trennung?	
Sind die wörtlichen Zitate in Anführungs- und Schlusszeichen?	
Ist das Quellenverzeichnis vollständig?	
Wirken die einzelnen Seiten harmonisch? (z. B. Verhältnis Text – Bild)	

Aufbau und Gestaltung der Facharbeit: Orientierungsbeispiel

Facharbeit zum Thema «Stress»

Claudine Wagner, Angelika Wiederkehr
Handelsschule KV Schaffhausen
Mai 2013

Burn-out   Inhaltsverzeichnis   2

Inhaltsverzeichnis

Einleitung		1
1	**Grundlagen**	2
1.1	Was ist ein Burn-out?	2
1.2	Daten und Fakten	3
1.3	Krankheitsbild	4
1.4	Symptome	5
2	**Ursachen und Folgen**	6
2.1	Die häufigsten Ursachen, Übersicht	6
2.1.1	Biologische Anlagen	7
2.1.2	Psychische Ursachen	8
2.1.3	Arbeitsstress als Ursache	
2.2	Folgen, Übersicht	10
2.2.1	Folgen für den Einzelnen	11
2.2.2	Folgen für die Familie	12
2.2.3	Volkswirtschaftliche Folgen	13
2.3	Interview mit einem Betroffenen	14
2.3	Anonymer Bericht einer jungen Frau	16
3	**Therapie**	17
3.1	Schulmedizinische Möglichkeiten	17
3.2	Alternativmedizin, Gespräch mit einer Therapeutin	18
3.3	Psychologische Betreuung	18
3.4	Gesprächstherapie	19
3.5	Prävention, Interview mit einem Arzt	20
Schlusswort		22
Quellenverzeichnis		23
Anhang		24

Burn-out

Einleitung

Kurze allgemeine Einführung, Hinweise auf die Bedeutung des Themas, Einbettung in das Gesamtthema, Ziele der Arbeit, Fragestellung(en); persönliche Perspektive (Ich-/Wir-Formen) ist möglich.

xxxxxxxxxxxxxxxxxxxxxxxxxxxxxxxxxxxxxxxxxxxxxxxxxxxxxxxxxxxxxxxxxxxxxxxxxxxxxxxxxx
xxxxxxxxxxxxxxxxxxxxxxxxxxxxxxxxxxxxxxxxxxxxxxxxxxxxxxxxxxxxxxxxxxxxxxxxxxxxxxxxxx
xxxxxxxxxxxxxxxxxxxxxxxxxxxxxxxxxxxxxxxxxxxxxxxxxxxxxxxxxxxxxxxxxxxxxxxxxxxxxxxxxx
xxxxxxxxxxxxxxxxxxxxxxxxxxxxxxxxxxxxxxxxxxxxxxxxxxxxxxxxxxxxxxxxxxxxxxxxxxxxxxxxxx
xxxxxxxxxxxxxxxxxxxxxxxxxxxxxxxxxxxxxxxxxxxxxxxxxxxxxxxxxxxxxxxxxxxxxxxxxxxxxxxxxx
xxxxxxxxxxxxxxxxxxxxxxxxxxxxxxxxxxxxxxxxxxxxxxxxxxxxxxxxxxxxxxxxxxxxxxxxxxxxxxxxxx
xxxxxxxxxxxxxxxxxxxxxxxxxxxxxxxxxxxxxxxxxxxxxxxxxxxxxxxxxxxxxxxxxxxxxxxxxxxxxxxxxx
xxxxxxxxxxxxxxxxxxxxxxxxxxxxxxxxxxxxxxxxxxxxxxxxxxxxxxxxxxxxxxxxxxxxxxxxxxxxxxxxxx
xxxxxxxxxxxxxxxxxxxxxxxxxxxxxxxxxxxxxx

Vorgehensweise, evtl. Dank

xxxxxxxxxxxxxxxxxxxxxxxxxxxxxxxxxxxxxxxxxxxxxxxxxxxxxxxxxxxxxxxxxxxxxxxxxxxxxxxxxx
xxxxxxxxxxxxxxxxxxxxxxxxxxxxxxxxxxxxxxxxxxxxxxxxxxxxxxxxxxxxxxxxxxxxxxxxxxxxxxxxxx
xxxxxxxxxxxxxxxxxxxxxxxxxxxxxxxxxxxxxxxxxxxxxxxxxxxxxxxxxxxxxxxxxxxxxxxxxxxxxxxxxx
xxxxxxxxxxxxxxxxxxxxxxxxxxxxxxxxxxxxxxxxxxxxxxxxxxxxxxxxxxxxxxxxxxxxxxxxxxxxxxxxxx
xxxxxxxxxxxxxxxxxxxxxxxxxxxxxxxxxxxxxxxxxxxxxxxxxxxxxxxxxxxxxxxxxxxxxxxxxxxxxxxxxx
xxxxxxxxxxxxxxxxxxxxxxxxxxxxxxxxxxxxxxxxxxxxxxxxxxxxxxxxxxxxxxxxxxxxxxxxxxxxxxxxxx
xxxxxxxxxxxxxxxxxxxxxxxxxxxxxxxxxxxxxxxxxxxxxxxxxxxxxxxxxxxxxxxxxxxxxxxxxxxxxxxxxx
xxxxxxxxxxxxxxxxxxxxxxxxxxxxxxxxxxxxxxxxxxxxxxxxxxxxxxxxxxxxxxxxxxxxxxxxxxxxxxxxxx
xxxxxxxxxxxxxxxxxxxxxxxxxxxxxxxxxxxxxx

Kurze Übersicht Aufbau und Inhalt

xxxxxxxxxxxxxxxxxxxxxxxxxxxxxxxxxxxxxxxxxxxxxxxxxxxxxxxxxxxxxxxxxxxxxxxxxxxxxxxxxx
xxxxxxxxxxxxxxxxxxxxxxxxxxxxxxxxxxxxxxxxxxxxxxxxxxxxxxxxxxxxxxxxxxxxxxxxxxxxxxxxxx
xxxxxxxxxxxxxxxxxxxxxxxxxxxxxxxxxxxxxxxxxxxxxxxxxxxxxxxxxxxxxxxxxxxxxxxxxxxxxxxxxx
xxxxxxxxxxxxxxxxxxxxxxxxxxxxxxxxxxxxxxxxxxxxxxxxxxxxxxxxxxxxxxxxxxxxxxxxxxxxxxxxxx
xxxxxxxxxxxxxxxxxxxxxxxxxxxxxxxxxxxxxxxxxxxxxxxxxxxxxxxxxxxxxxxxxxxxxxxxxxxxxxxxxx
xxxxxxxxxxxxxxxxxxxxxxxxxxxxxxxxxxxxxxxxxxxxxxxxxxxxxxxxxxxxxxxxxxxxxxxxxxxxxxxxxx
xxxxxxxxxxxxxxxxxxxxxxxxxxxxxxxxxxxxxxxxxxxxxxxxxxxxxxxxxxxxxxxxxxxxxxxxxxxxxxxxxx
xxxxxxxxxxxxxxxxxxxxxxxxxxxxxxxxxxxxxxxxxxxxxxxxxx

Burn-out   Anhang   35

Quellenverzeichnis

Im Quellenverzeichnis werden alle Unterlagen angegeben, die für die Arbeit verwendet wurden. Die Nummern verweisen auf die hochgestellten Ziffern im Text. Das Quellenmaterial wird unterschiedlich aufgelistet.

Bücher
Name, Vorname: Titel. Untertitel. Erscheinungsort, Verlag, Jahr, Seitenzahlen.

Beispiel:
5)   Burisch, Matthias: Das Burnout-Syndrom. Theorie der inneren Erschöpfung. Berlin, Springer Verlag, 2010, 4. Auflage, S. 23 – 29.

Beiträge aus Büchern und Artikel aus Zeitungen und Zeitschriften
Name, Vorname: Titel. In: Titel des Buches, Ort, Verlag, Jahr, Seitenzahl.
Name, Vorname: Titel. In: Name der Zeitung/Zeitschrift, Erscheinungsdatum, Seitenzahl.

Beispiel:
8)   Theiler, Luci: 2012 wird das Jahr des Burnouts. In: Tages-Anzeiger, 29.12.2011, S. 24.

Artikel aus dem Internet
Titel, Internetadresse (Abrufdatum)
Name, Vorname (falls Autor/Autorin bekannt): Titel. Internetadresse, Abrufdatum.

Beispiele:
12)   Burnout – Symptome und Gegenmittel. www.weka-personal.ch/praxistipp (12.02.2013).
12)   Muhl, Iris: In der Burn-out-Falle. www.handelszeitung.ch (25.01.2013).

Abbildungen
Internetadresse (Abrufdatum)
Name der Firma/Name Fotograf bzw. Fotografin (sofern bekannt)
Name der Bildagentur/Name Fotograf bzw. Fotografin (sofern bekannt)

Beispiele:
Abb. 1, Titelseite: www.kommunikaze.ch/burnout-syndrom.htm (15.03.2013).
Abb. 2, Seite 3: RehaClinic Bad Zurzach/P. Arnold.
Abb. 3, Seite 7: Keystone/Martin Rüetschi.

Glossar (auch als App erhältlich)

Appellebene
Ebene der Absicht und der Aufforderung (Kommunikation). Was erwarte ich, was will ich von dir?

Arbeitstitel
Provisorischer Titel einer Arbeit.

Argumentationskette
Argument, das gezielt aus mehreren Argumentationsschritten aufgebaut wird.

Argumentieren
Stichhaltiges und überzeugendes Begründen der eigenen Meinung, oft in drei Schritten: Meinung (oder Behauptung), Begründung, Beweis (z. B. mit einem Beispiel).

Äussere Charakterisierung
Darstellung der äusserlichen Merkmale einer Person: Alter, Geschlecht, Beruf, Hobbys, Körperbau, Gesicht, Frisur u. a.

Beurteilungsinstrument
Formular zur Beurteilung einer Leistung oder eines Prozesses. Darauf sind die zu beurteilenden Qualitätsbereiche mit den entsprechenden Qualitätsmerkmalen definiert.

Beziehungsaspekt
Die Ebene der Beziehung zwischen den Gesprächspartnern (Kommunikation). Wie stehe ich zu dir? Was hältst du von mir?

Beziehungsebene
Element des Kommunikationsquadrats, Ebene der Beziehungen und Gefühle (Vertrauen, Freude, Angst …).

Bildanalyse
Systematische Untersuchung eines Bildes. Dabei werden folgende vier Bereiche analysiert: Kontext, Form, Inhalt, Wirkung.

Bildmanipulationen
Bewusste Veränderungen von Bildern, beispielsweise durch Fotomontage, Farbveränderungen, Bildschnitt. Mit den heutigen digitalen Bildbearbeitungsprogrammen sind Fotos relativ leicht zu manipulieren.

Chronologisches Erzählen
Form, welche die einzelnen Ereignisse linear im zeitlichen Ablauf der Ereignisse darstellt.

Cluster
Visualisierungsform: grafische Darstellung zum Aufzeigen von Zusammenhängen, Hierarchien und Strukturen rund um ein Kernthema; ähnlich wie bei der Mindmap-Technik.

Diagramme
Schaubilder, in denen Daten und Informationen zeichnerisch dargestellt sind. Sie visualisieren Sachverhalte in Form von Kreisen, Linien, Balken, Säulen und mit ähnlichen Darstellungselementen.

Dialektische Erörterung
Erörterung, bei der das Für (die Pro-Argumente) und das Wider (die Kontra-Argumente) eines Themas einander gegenübergestellt werden.

Diskussion
Gespräch über ein definiertes Thema, ein bestimmtes Problem. Formen: Privatgespräche, Sitzungsgespräche, moderierte öffentliche Diskussionen u. a.

Disposition
Provisorische Gliederung einer Arbeit mit stichwortartigen Angaben zum Inhalt.

Dramatik
Gattungsbezeichnung für literarische Texte, die primär für die Darstellung auf der Bühne (oder im Film) verfasst sind. Die bekannteste Form ist das Theaterstück.

Drei-Ü-Lesemethode
Lesemethode mit den drei Schritten Überfliegen, Überblicken, Überarbeiten.

Du-Botschaften
Aussagen, die man mit «Du …» beginnt – im Gegensatz zu «Ich-Aussagen».

Einleitung
Kurze allgemeine Einführung ins Thema. Elemente: Hinweise auf die Bedeutung des Themas, Einbettung in das Gesamtthema, Ziele der Arbeit, Fragestellung(en).

Einstiegsfrage
Die erste Frage bei einem Gespräch, bei einem Interview. Die Einstiegsfrage ist wichtig für den Gesprächsverlauf und sollte daher vorformuliert werden.

Epik
Gattungsbezeichnung für literarische Texte, die etwas erzählen. Sie werden auch epische Texte oder Prosatexte genannt (z. B. Erzählung, Fabel, Satire u. a.).

Erörterung
Vertiefte gedankliche Auseinandersetzung mit einem Thema in schriftlicher Form. Man unterscheidet folgende drei Formen: die freie Erörterung, die textgebundene Erörterung und die literarische Erörterung.

Erzählbericht
Teile einer Erzählung, in denen die Handlung geschildert, ein Schauplatz beschrieben oder eine Person charakterisiert wird.

Erzählperspektive
Blickwinkel, aus welchem eine Geschichte erzählt wird. Formen: subjektive Perspektive (Ich- bzw. Wir-Formen) und neutrale Perspektive (Er- bzw. Sie-Formen).

Erzählung
Text, in dem etwas Erfundenes oder auch selber Erlebtes fantasievoll und spannend erzählt wird. Dabei kann die Geschichte im realen Leben spielen oder es kann sich um eine reine Fantasiegeschichte handeln.

Evaluation
Analyse, Überprüfung und Bewertung von Leistung und Prozessen. Ziele: Erfassung von Stärken und Schwächen sowie das Festlegen von Massnahmen zur Verbesserung.

Fabel
Meist kurze Texte mit einem Höhepunkt (Pointe). Es treten Tiere mit typischen menschlichen Eigenschaften auf. In vielen Fabeln ist am Schluss ein Lehrsatz (Moral) formuliert.

Facharbeit
Eine längere schriftliche Dokumentation zu einem bestimmten Thema, z. B. Semesterarbeit, Vertiefungsarbeit, Diplom- oder Maturaarbeit.

Fazit
Schlussteil eines Textes in Form einer Zusammenfassung, einer persönlichen Stellungnahme oder eines Ausblicks. Das Fazit wird auch Resümee genannt.

Feedback
Rückmeldung an eine Person über deren Arbeit und/oder Verhalten. Aus dem Englischen übersetzt heisst das Wort «zurückfüttern».

Feedbackregeln
Regeln zum Verhalten, wenn man Feedbacks gibt und solche empfängt.

Figurenkonstellation
Zusammenspiel von Haupt- und Nebenfiguren und deren Beziehungen untereinander.

Fiktionale Texte
Texte, die etwas Erfundenes, eine Fiktion beschreiben (z. B. Gedicht, Kurzgeschichte, Roman u. a.).

Fliesstext
Textanordnung mit durchgängigem Text, auch Lauftext genannt.

Gedicht
Text in Versform, oft aufgeteilt in Strophen und mit Reimen. Gedichte drücken meistens persönliche Empfindungen, Gefühle und Stimmungen aus. Formen: Liebesgedichte, Trauergedichte, Naturgedichte, Lieder/Songs, Balladen.

Geschlossene Fragen
Fragen, die mit einem Verb beginnen und in der Regel nur die Antwort Ja bzw. Nein zulassen. Beispiel: Haben Sie kurz Zeit für mich?

Gestik
Bewegungen der Arme, der Hände und des Kopfes; Teil der nonverbalen Kommunikation.

Hauptfigur
Person, die in einer Geschichte im Zentrum steht. In einem Film spielt sie die Hauptrolle.

Hervorhebungen
Spezielle Markierungen in einem Text wie Fettschrift, Kursivschrift, Unterstreichungen, farbige Markierungen u. a.

Ich-Botschaften
Aussagen, bei denen man die Meinung mit «Ich-Formulierungen» ausdrückt – im Gegensatz zu «Man- oder Du-Formulierungen».

Informationspräsentation
Präsentation, in der das Publikum über einen Sachverhalt informiert werden soll. Die vortragende Person tritt als Fachperson auf.

Inhaltsangabe
Kurze, sachliche Wiedergabe des Inhalts eines Textes. Im Gegensatz zur Zusammenfassung werden auch Angaben gemacht zum Kontext (Autor/in, Umfang, Form u. a.).

Inhaltsaspekt
Die Ebene der Sachinformation bei einer Kommunikation. Worüber wird gesprochen?

Innere Charakterisierung
Beschreibung der inneren Merkmale einer Person: Denken und Fühlen, Lebenseinstellung, Interessen, Ideen und Wünsche, Ziele u. a.

Innerer Monolog
Eine Art von Selbstgespräch einer Figur. Dabei geht es meist um Erinnerungen, Ideen und Gedanken.

Interaktion
Wechselbeziehung zwischen zwei oder mehreren Personen. Es gibt sprachliche, soziale und emotionale Interaktionen. Interaktionen existieren auch zwischen Mensch und Tier und auch unter Tieren.

Interview
Gespräch mit einer Person oder Personengruppe zu einem bestimmten Thema. Dabei können sich die Fragen auf die Sache beschränken oder es kann auch nach Privatem gefragt werden.

Kaltes Porträt
Porträt einer Person, die man nicht persönlich kennt oder die bereits tot ist. Die nötigen Informationen stammen aus Recherchen.

Killerphrasen
Sätze, die zum Ziel haben, die Diskussion zu stören oder abzubrechen; sie gelten daher als destruktive Beiträge. Beispiele: «Das geht sowieso nicht.» / «Das war schon immer so.» / «Darüber müssen wir nicht diskutieren!»

Kommunikationsquadrat
Kommunikationsmodell mit den vier Seiten Sachebene, Beziehungsebene, Appellebene, Selbstkundgabeebene.

Konstruktives Gespräch
Gespräch, bei dem die Teilnehmenden das Ziel haben, mit einer positiven Haltung eine gemeinsame Lösung zu erarbeiten. (Gegenteil: destruktives Gespräch).

Kontext
Die äusseren Aspekte eines Textes im Gegensatz zum Inhalt. Dazu gehören: Autor/Autorin, Zeit/Epoche, Textsorte, Erscheinungsdatum, Zeitgeschichte u. a.

Kontra-Argument
Beweisgrund, der gegen eine Sache spricht.

Kurzgeschichte
Meist kurze Erzählung mit direktem Einstieg und offenem Schluss. Kurzgeschichten beleuchten einen kurzen Ausschnitt aus dem Leben eines Menschen (Momentaufnahme) und beinhalten oft einen überraschenden Wendepunkt.

Layout
Text- und Bildgestaltung; dazu gehören u. a. der Schrifttyp, die Schriftgrösse, die Seitendarstellung, die Anordnung von Bild und Text usw.

Lead
Die Einleitung bei einem Zeitungsbericht; in der Regel eine Zusammenfassung der wichtigsten Inhalte; oft in Fettschrift gesetzt.

Leserbrief
Schreiben, mit dem die persönliche Meinung zu einem Thema öffentlich geäussert wird. Die Redaktion kann Leserbriefe kürzen oder den Text nicht publizieren.

Lineare Erörterung
Erörterung, bei der die eigene Meinung linear (= gradlinig) mit verschiedenen Argumenten begründet wird. Es werden nur Argumente dafür (Pro-Argumente) oder Argumente dagegen (Kontra-Argumente) erwähnt.

Lyrik
Gattungsbezeichnung für literarische Texte, die etwas in Versform erzählen. Bekannte Formen sind das Gedicht und das Lied.

Märchen
Erzählung mit zauberhaften Handlungen und Figuren; so können Tiere, Pflanzen und Gegenstände sprechen. Märchen beginnen oft mit «Es war einmal …». Bekannte Beispiele: Hänsel und Gretel, Rotkäppchen, Dornröschen.

Mimik
Bewegungen und Regungen im Gesicht; Teil der nonverbalen Kommunikation.

Mindmap
Visualisierungsform: Gedanken- oder Ideenlandkarte zum Aufzeigen von Zusammenhängen, Hierarchien und Strukturen rund um ein Kernthema.

Mundart
Sprechweise im lokalen oder regionalen Dialekt, z. B. Berner, Zürcher oder Basler Dialekt. Die Mundart kann sich von der Standardsprache zum Teil stark unterscheiden.

Nebenfiguren
Figuren, die zwar wichtig sind, aber Nebenrollen spielen.

Neutrale Perspektive
Darstellung eines Ereignisses aus der Aussensicht, auch Aussenperspektive genannt. Berichtende und direkt betroffene Person sind in der Regel nicht identisch (Er- oder Sie-Form).

Nominalstil
Schreibstil, bei dem viele Nomen verwendet werden. Beispiel: Die Einschätzung der Situation war richtig und nach kurzem Überlegen erfolgte die Reaktion rasch.

Nonverbale Kommunikation
Austausch von Informationen unter der bewussten oder unbewussten Verwendung von nicht-sprachlichen Mitteln wie Stimme, Mimik, Gestik, Körperhaltung.

Offene W-Fragen
Fragen, die mit einem W-Fragewort beginnen (Was, Wie, Wo, Weshalb, Wozu …).

Ohrentypen
Bezeichnet die Art, worauf man sich beim Zuhören in erster Linie konzentriert. Es gibt vier Unterscheidungen: Sachohr-Typ, Beziehungsohr-Typ, Appellohr-Typ, Selbstkundgabeohr-Typ.

Parabel
Kurze, lehrhafte Geschichte, die zwar erfunden ist, sich aber im Gegensatz zur Fabel in der Realität hätte abspielen können. Die Erkenntnisse sollen von den Lesenden in den Alltag übertragen werden.

Personenporträt
Porträt einer Person, das aufgrund einer persönlichen Begegnung, eines Gesprächs oder Interviews entstanden ist.

Plagiat
Arbeit, die durch die unberechtigte Übernahme von fremden Texten und Ideen entstanden ist, z. B. eine Semester- oder Diplomarbeit.

Pointe
Höhepunkt oder Wendepunkt, z. B. bei einem Witz, einer Erzählung oder einem Spielfilm.

Porträt
Darstellung einer Person in schriftlicher Form. Das Porträt stellt das Wesen und die Persönlichkeit eines Menschen möglichst anschaulich dar.

Präsentation
Vortrag einer oder mehrerer Personen vor einem Publikum. Dabei geht es darum, bestimmte Inhalte klar gegliedert und anschaulich darzulegen.

Pro-Argument
Beweisgrund, der für eine Sache spricht.

Protokoll
Niederschrift über Inhalte, Verlauf und Ergebnisse von Sitzungen, Verhandlungen, Tagungen usw. Formen: Ergebnisprotokoll (oder Beschlussprotokoll), Verlaufsprotokoll, Wort-für-Wort-Protokoll.

Pyramidenaufbau
Gliederungsform bei einem Zeitungsbericht; das Wichtigste steht am Anfang, die Details am Schluss. Die Bestandteile sind: Titel, Lead, Hauptteil, Schluss.

Quellenverzeichnis
Verzeichnis mit allen Unterlagen, die für eine Arbeit verwendet wurden.

Randnotizen
Eigene Notizen am linken oder rechten Rand eines Textes. Beispiele: «wichtig!»/ «Beispiel»/«Pro-Argument 1» u. a.

Recherche
Nachforschungen zu einem bestimmten Thema, z. B. in Büchern, im Internet, durch Gespräche u. a.

Redemanuskript
Wortwörtliche Niederschrift eines Vortrags oder einer Rede. Das Redemanuskript dient dabei nur als Hilfsmittel; der Text wird möglichst frei gesprochen.

Redlichkeitserklärung
Bestätigung am Schluss einer schriftlichen Arbeit, dass man diese selbstständig erstellt hat, alle Zitate als solche gekennzeichnet sind und die verwendeten Quellen angegeben wurden.

Rohfassung
Noch provisorische, doch bereits ausformulierte Fassung einer Arbeit.

Roter Faden
Verbindendes, oft wiederkehrendes Element in einem Roman, einer Erzählung oder einem Spielfilm, beispielsweise ein Fluss als Symbol für das Thema «Veränderung».

Rückblende
Darstellung eines Ereignisses, das zeitlich zurückliegt.

Sachebene
Ebene des Sachverhalts in der Kommunikation (Namen, Daten, Fakten …).

Sachtexte

Texte, die eine Sache bzw. eine Tatsache beschreiben (z. B. Unfallbericht, Bewerbung, Protokoll u. a.).

Sage

Erzählung mit historischem Hintergrund. Das Ereignis wird fantasievoll erzählt, könnte sich aber – im Gegensatz zum Märchen – zum Teil wirklich zugetragen haben.

Satire

Texte, mit denen Personen und/oder gesellschaftliche Zustände kritisiert werden. Eine Satire überzeichnet – ähnlich wie eine Karikatur – bewusst und verwendet Sprachwitz, Ironie und Übertreibungen. Die Satire kann in verschiedenen Formen auftreten, z. B. als Erzählung, Gedicht, Theaterstück u. a.

Schaubild

Visualisierungsform: zeichnerische Darstellung eines Sachverhalts, einer Personenkonstellation, von Ereignissen u. a.

Schlüsselwörter

Für das Verständnis zentrale Wörter in einem Text; sie enthalten Kernaussagen.

Schlusswort

Schlussbetrachtungen bei einer Arbeit. Mögliche Elemente: Zusammenfassung, Erkenntnisse, offene Fragen, Ausblick, Rückschau auf den Arbeitsprozess, Dank.

Schreibabsicht

Grund bzw. Motivation für das Schreiben, auch Schreibintention genannt.

Selbstkundgabe

Bezeichnet die Tatsache, dass man beim Sprechen auch immer etwas von seinem Wesen zeigt – bewusst oder unbewusst.

Selbstporträt

Porträt, das man über sich selber verfasst, beispielsweise für eine Stellenbewerbung.

Spannungsaufbau

Bewusste Gestaltung einer Erzählung auf einen Höhepunkt oder Wendepunkt hin.

Standardsprache

Ausdrucksform, die den allgemein verbindlichen Normen entspricht (Grammatik, Wortschatz, Satzbau, Stil). Andere Bezeichnungen sind Schriftsprache, Schriftdeutsch oder Hochdeutsch.

Stichwortkarten

Karten mit den wichtigsten Stichwörtern zum Vortrag bzw. zur Rede (auch Moderationskarten genannt).

Subjektive Meinung

Persönliche Ansicht, Beispiel: Ich liebe heisse Sommertage.

Subjektive Perspektive

Darstellung eines Ereignisses aus dem eigenen Blickwinkel, auch Innenperspektive oder Ich-Perspektive genannt. Berichtende und direkt betroffene Person sind identisch (Ich-Form).

Subjektives Urteil

Persönliche Wertung eines Umstands, Beispiel: Heute ist es mir viel zu heiss.

Suggestivfragen

Frageform, mit der eine im Voraus bestimmte Antwort erwartet wird; sie gelten daher als unechte Fragen. Beispiel: Sind Sie nicht auch der Meinung, dass Sie sich etwas mehr anstrengen sollten?

Tätigkeitsbericht (Arbeitsbericht)

Bericht über einen bestimmten Auftrag, ein Projekt oder eine Arbeit. Im Gegensatz zum Zeitungsbericht fällt ein Arbeitsbericht ausführlicher aus und beinhaltet auch persönliche Meinungen und Stellungnahmen in der Ich- oder Wir-Form.

Tatsachenaussage

Das Feststellen einer Tatsache, Beispiel: Heute scheint die Sonne.

Textanalyse

Systematische Untersuchung eines Textes mit dem Ziel, den Inhalt genau zu verstehen. Hilfreich dabei sind W-Fragen: Was? Wer? Wie? Wo? Wann? Weshalb? Wozu? u. a.

Textinterpretation

Deutungen der Aussagen «zwischen den Zeilen». Dabei werden zwei Ebenen unterschieden: die Ebene des Geschriebenen und die Ebene des Gemeinten (= Interpretationsebene).

Textredaktion

Überarbeitung eines Textes bezüglich Inhalt, Sprache, Aufbau und Logik.

Textsorten

Die verschiedenen Formen von Texten, z. B. Sachtexte, literarische Texte.

Überzeugungspräsentation

Präsentation, mit der das Publikum von einer Idee, einem Produkt oder einem Projekt überzeugt werden soll. Die vortragende Person tritt primär als «Verkäufer» bzw. «Verkäuferin» auf.

Umfrage

Befragungen zu ganz bestimmten Themen, oft anhand eines Fragebogens. Die Antworten werden systematisch ausgewertet und analysiert.

Verbale Kommunikation

Austausch von Informationen. Dabei wird eine bestimmte Sprache mit einem definierten Zeichensystem (bei uns das Alphabet) verwendet.

Verbalstil

Schreibstil, bei dem vor allem Verben verwendet werden. Beispiel: Sie schätzten die Situation richtig ein, überlegten kurz und reagierten rasch.

Visualisierung

Bildhafte Darstellung in Form einer Mindmap, eines Clusters, einer Grafik, eines Schaubilds, einer Skizze u. a.

Vorausdeutung

Darstellung eines Ereignisses, das in Zukunft stattfindet oder stattfinden könnte.

Zitat, indirekt

Eine Aussage, die in der indirekten Rede wiedergegeben wird. Beim indirekten Zitieren braucht es keine Anführungszeichen.

Zitat, wörtlich

Eine Aussagen, die wortwörtlich wiedergegeben wird; sie steht in Anführungszeichen.

Zusammenfassung

Sehr kurze, sachliche Wiedergabe des Inhalts eines Textes.

Stichwortverzeichnis

A

Achsen (x-, y-Achse) **34**
Analyse-Instrument Bilder **40**
Analyse-Instrument Diagramme **35**
Analyse-Instrument literarische Texte **21**
Analyse-Instrument Sachtexte **21**
Appellohr-Typ **99**
Appellseite **97 f.**
Arbeitsbericht **51, 146**
Argumentation in drei Schritten **69**
Argumentation in vier Schritten **70**
Argumentation in zwei Schritten **69**
Argumentieren **69**
Äussere Charakterisierung **63**
Aussprache **101**
A – Z-Liste **139**

B

Balkendiagramm **142**
Baumdiagramm **143**
Begrüssung **123**
Behaltensquote **128**
Bericht **44 ff.**
Beschlussprotokoll **54**
Beziehungsaspekt **96**
Beziehungsebene **96 ff.**
Beziehungsohr-Typ **99**
Bilder **39 ff.**
Blickkontakt **103**

C

Chancengleichheit **134**
Checkliste Facharbeit **158**
Chronologische Gliederung **126**
Chronologisches Erzählen **80**
Cluster **138**

D

Diagonales Lesen **15**
Diagramme **33 ff.**
Diagrammtypen **142 f.**
Dialektische Erörterung **67, 150 f.**
Dialektische Erörterung, Beispiel **150 f.**
Direkte Rede **80**
Diskussion **109 ff.**
Diskussionsverhalten **110**
Disposition Facharbeit **86**
Dramatik **11**
Drei-Ü-Lesemethode **15**
Du-Botschaften **107**

E

Einstiegsfrage **56**
Emotional-appellierender Stil **118**
Emotionen **77**
Empfänger **96**
Epik **11**
Erfolgreich diskutieren, Tipps **109**
Ergebnisprotokoll **54**
Erörterung **67 ff.**
Erörterung, Formulierungen **74**
Erörterung, Themen **148**
Erörterung, Vorgehen **73**
Erzählbericht **80**
Erzählperspektive **79**
Erzählung **77 ff., 140**
Erzählung, Beurteilungsinstrument **154**
Erzählung, Planungshilfe **153**
Erzählung, Vorgehen **83**

F

Fabel **140**
Facharbeit **84 ff.**
Facharbeit, Anforderungen **84**
Facharbeit, Arbeitsplan **85, 157**
Facharbeit, Arbeitsschritte **84**
Facharbeit, Beispiel **159 ff.**
Facharbeit, Checkliste **158**
Facharbeit, Schluss, Anhang **156**
Fairness **134**
Feedback **106 ff.**
Feedbackregeln **107**
Figurenkonstellation **78**
Fiktionale Texte **10 ff., 26 ff.**
Flächendiagramm **142**
Fliesstext **15**
Flussdiagramm **143**
Fragebogen **59**
Fragebogen, Beispiel **145**
Frisur **103**

G

Gedicht **140**
Geschlossene Fragen **56**
Gestik **103**
Glossar **163 ff.**

H

Hauptfiguren **78**
Hervorhebungen **15**

I

Ich-Botschaften **107**
Indirekte Rede **80**
Informationspräsentation **117**
Informierender Stil **118**
Inhaltsangabe **52 f.**
Inhaltsaspekt **96**
Innere Charakterisierung **63**
Innerer Monolog **80**
Interaktion **96**
Interview **55**
Interview, Anleitung **144**

K

Kaltes Porträt **64**
Kleidung **103**
Kommunikationsmodelle **95 ff.**
Kommunikationsquadrat **97 f.**
Koordinatensystem **34**
Körperhaltung **103**
Kreisdiagramm **143**
Kurzgeschichte **140**
Kurzpräsentation **117**

L

Langpräsentation **117**
Lautstärke **101**
Layout Facharbeit **86**
Lead **44**
Leserbrief **75 ff.**
Leserbrief, Beurteilung **152**
Leserbrief, Merkmale **75**
Leserbrief, Regeln **75**
Lineare Erörterung **67, 149**
Lineare Erörterung, Beispiel **149**
Liniendiagramm **142**
Literarische Texte **10 ff., 26 ff.**
Literarische Texte, Merkmale **140**
Lyrik **11**

M

Manipulation Bilder **39**
Manipulation Diagramme **35**
Märchen **140**
Medien, Visualisierungen **129**
Mehr-Augen-Prinzip **134**
Melodie, Sprechen **101**
Mimik **103**
Mindmap **17, 138**
Moderationskarten **132**
Mundart **43**

N

Nebenfiguren **78**
Netzdiagramm **143**
Neutrale Perspektive **46**
Nonverbale Kommunikation **101 ff.**
Nonverbale Signale **103**

O

Offene W-Fragen **56**
Ohren-Typen **99**

P

Parabel **140**
Personenporträt **64**
Porträt **62 ff.**
Powerpoint, Regeln **129**
Präsentation **116 ff.**
Präsentation, Aufbau **123 ff.**
Präsentation, Beurteilung **134 f.**
Präsentation, Schluss **126 f.**
Pro-Kontra-Gliederung **126**
Protokoll **54**
Protokoll, Formulierungen **55**
Protokoll, Beispiel **147**
Pyramidenaufbau **44**

R

Raumbewegung **103**
Recherche Internet **85, 157**
Redemanuskript **132**
Redlichkeitserklärung **84**
Rhythmus, Sprechen **101**
Rückblende **80**

S

Sachebene **97 ff.**
Sachohr-Typ **99**
Sachtexte **10, 12, 43 ff.**
Sage **140**
Satire **140**
Säulendiagramm **142**
Schaubild **17**
Schnellsprechsätze **102**
Schreibabsicht **10**
Schreibintention **10**
Schreibstil **14**
Selbstkundgabe **97 f.**
Selbstkundgabeohr-Typ **99**
Selbstporträt **64**
Sender **96**
Sich vorstellen **124**
Spannungsaufbau **78**
Sprache und Wirkung **95**
Sprechtempo **101**
Standardsprache **43**
Stärken-Schwächen-Analyse **111**
Stichwortkarte **132**
Stichwortverzeichnis **167 f.**
Subjektive Meinung **69**
Subjektive Perspektive **46**
Subjektives Urteil **69**
Suggestivfragen **56**

T

Tanz der Bienen **94**
Tätigkeitsbericht **51**
Tätigkeitsbericht, Beispiel **146**
Tatsachenaussage **69**
Textanalyse **20**
Textanordnung **15**
Texte bearbeiten **16**
Texte schreiben **43 ff.**
Textinterpretation **20**
Textredaktion **88**
Thematische Gliederung **126**
Transparenz **134**

U / Ü

Umfrage **59**
Überzeugungspräsentation **117**

V

Verbale Kommunikation **101 ff.**
Verlaufsprotokoll **54**
Vier Ohren **98**
Vier Schnäbel **98**
Vier-Punkt-Struktur **126**
Visualisierungen **128 ff.**
Visualisierung, Grundsätze **128**
Visualisierungsmittel **129**
Vor Publikum stehen **119**
Vor Publikum stehen, Regeln **119 ff.**
Vorausdeutung **81**

W

Websites **157**
W-Fragen **45**
Wort-für-Wort-Protokoll **54**

Z

Zeitgestaltung **81**
Zeitungsbericht **44 f.**
Zitieren **87**
Zusammenfassung **52 f.**

Bildnachweis

S. 8: Thinkstock
S. 39: Keystone / AP
S. 40: Alex Bieli
S: 41: Keystone / APNY
S. 92: Thinkstock

S. 114: Thinkstock
S. 119/120: André Urech
S. 136: Thinkstock
S. 159: Thinkstock